EXPLICATION

DE LA LOI DU 28 JUILLET 1824

SUR

LES CHEMINS VICINAUX;

PAR F. X. P. GARNIER,

Avocat aux Conseils du Roi et à la Cour
de Cassation.

A PARIS,

Chez L'AUTEUR, rue de l'Observance, n° 8,
Près l'École de Médecine,

Et chez les principaux Libraires.

1825.

Ouvrages du même auteur.

Régime des eaux ou des rivières navigables, flottables et autres cours d'eaux ; 1 vol. in-8°. 5 fr.

Traité des chemins de toutes espèces ; 1 vol. in-8°. 7 fr.

Annales universelles de la Jurisprudence et de la Législation commerciales, paraissant tous les mois par livraison de 3 feuilles. Prix de l'abonnement annuel : 10 fr. pour Paris. — 12 fr. pour les départemens.

M. Roger, avocat aux Conseils du roi et à la Cour de Cassation, participe à la rédaction de ce Journal.

AVERTISSEMENT.

———

Depuis long-temps, le besoin d'une loi
sur les Chemins vicinaux s'était fait sentir.
Il est, en effet, peu de sujets aussi impor-
tans et d'un intérêt si général. Cette loi vient
enfin d'être donnée à la France; et bien
qu'elle soit muette sur des difficultés très-
graves qui, chaque jour, font naître des con-
flits d'attributions entre l'administration et
l'autorité judiciaire, elle n'en est pas moins
un grand bienfait dont nous sommes redevables à la sagesse de notre gouvernement,
puisqu'elle donne le moyen de créer et de
réparer les communications vicinales qui,
presque partout, sont véritablement dans le
plus déplorable état. Quelque laconique, quelque limitée qu'elle soit dans son objet, elle

nous a cependant paru exiger des observations propres à en faciliter l'intelligence ;
c'est là le cercle dans lequel nous nous sommes renfermés ; et comme elle ne change
que peu de choses au système précédent,
que les principes développés dans notre Traité
des Chemins subsistent encore presque inté-
gralement, nous avons fréquemment renvoyé
à cet ouvrage, en prenant soin de signaler le
petit nombre de changemens qui nous ont
semblé résulter de ses dispositions.

Pour atteindre plus efficacement le but
que nous nous sommes proposé, nous avons
rapporté textuellement une instruction ministérielle du mois d'octobre 1824, qui contient des développemens lumineux.

INSTRUCTION

DU MOIS D'OCTOBRE 1824

SUR LES CHEMINS COMMUNAUX.

INSTRUCTION

Du mois d'octobre 1824, sur les Chemins communaux en exécution de la loi du 28 juillet 1824.

La loi du 28 juillet dernier a rempli les lacunes qui existaient dans la législation sur les chemins communaux, et accru les moyens de subvenir à leurs dépenses.

Les autorités chargées de son exécution ne sauraient trop s'attacher à bien connaître, à bien apprécier les dispositions qu'elle contient et celles qui s'y rapportent; à mettre dans leur accomplissement toute l'intelligence, toute la suite, toute l'impartialité qu'elles exigent, et surtout cette entière régularité sans laquelle l'administration marche au hasard, sans force et sans influence.

ARTICLE Ier. — *Chemins nécessaires aux communes.*

L'art. 1er ne fait que reproduire une disposition de la loi du 6 octobre 1791, d'après laquelle les communes doivent entretenir les chemins établis sur leur territoire, qui sont *reconnus nécessaires à leurs communications.*

Cette disposition, sanctionnée par le temps, consacre l'obligation des communes, la borne aux seules communications qui sont d'une utilité générale pour les habitans d'une ou plusieurs communes; ne l'étend point aux chemins qui ne serviraient qu'à un petit nombre d'individus, ni aux simples sentiers, ni aux servitudes acquises au public sur des propriétés particulières.

Les Conseils municipaux, dans leurs délibérations, et les Préfets, dans leurs décisions, devront donc s'enfermer dans ces sages limites, afin que les ressources destinées à ces dépenses ne soient pas divisées au point d'en rendre l'emploi illusoire; afin que cet emploi, borné aux seules communications nécessaires, suffise pour les maintenir toujours en bon état.

Chemins inutiles.

Quant aux chemins publics qui ne seraient

point mis à la charge des communes, ces Conseils et les Préfets auront à examiner et à décider quels sont ceux qui doivent être rendus à
l'agriculture (1) en tout ou en partie, et quels
sont ceux qu'il importe de conserver, soit
qu'ils puissent se passer d'entretien, soit que
les particuliers qui y ont intérêt se chargent de
les entretenir.

Les Préfets, en statuant sur ces délibérations des Conseils municipaux, ne doivent pas
perdre de vue qu'ils ne sont qu'autorité sur-
veillante ; qu'ils sortiraient de ce caractère s'ils
ne leur donnaient le poids qu'elles doivent
avoir, s'ils les modifiaient sans de puissans
motifs. Sans doute, si elles étaient empreintes
de partialité, qu'elles eussent négligé ou sa-
crifié des communications évidemment néces-

(1) Il est bien entendu que toutes les fois qu'un
chemin à supprimer ou à conserver peut intéresser
plusieurs communes, le conseil municipal de chacune
d'elles doit être consulté, et qu'il doit en être de même
à l'égard des enquêtes *de commodo et incommodo*, indispensables pour toute suppression de la voie communale.

saires, ou grevé les fonds municipaux de dépenses d'une évidente inufilité, ils devraient
user de leurs droits; mais, hors ce cas, il
convient qu'ils respectent ce qui a été déli-
béré par les organes des communes, sauf à
avoir employé d'avance les soins propres à les
éclairer.

Les articles 2, 3, 4, 5 et 6 donnent les
moyens de subvenir aux dépenses des chemins
communaux, lorsqu'il y a insuffisance des revenus des communes; insuffisance qui ne doit
pas être supposée, mais constatée, soit qu'elle
s'étende à la totalité ou seulement à une partie
des dépenses à faire.

ART. II.—*Prestations en nature et en argent.*

Le premier de ces moyens consiste dans des
prestations qui ne peuvent excéder deux journées, ou la valeur de ces deux journées,
payables en argent ou en nature, au choix des
contribuables. (Art. 2.)

C'est ici une charge de l'habitation, aux
droits de laquelle sont liés la possession et le
plus grand usage des chemins communaux, et

qui, par cela même, doit, à son seul titre,
contribuer aux frais qu'ils occasionent. Il serait
superflu de dire qu'on peut n'imposer qu'une
portion de ces deux journées, là où la situation des revenus municipaux et l'état des chemins n'exigeraient pas la totalité. Il serait également superflu d'observer que les prestations,
ainsi que les autres contributions autorisées
par la loi qui nous occupe, ne peuvent être
employées que pour les chemins communaux.

Art. III. — *Suite des prestations.*

Tout habitant porté à l'un des rôles des contributions directes, chef de famille ou d'établissement, à titre de propriétaire, de régisseur, de fermier ou de colon partiaire, doit ces
deux journées,

1°. Pour lui, pour chacun de ses fils vivant
avec lui, et pour chacun de ses domestiques
mâles, pourvu que les uns et les autres soient
valides, et qu'ils aient atteint leur vingtième
année ;

2°. Pour chaque bête de trait et de somme,
chaque cheval de selle ou d'attelage de luxe,

chaque charrette, en sa possession pour son
service ou pour le service dont il est chargé.
(Art. 3.)

Nous avons dit que la prestation est une
charge de l'habitation, et l'on voit qu'elle s'é-
tend en proportion de l'usage que chaque habitant fait des chemins, du nombre d'individus
qui composent sa maison, du nombre des bêtes
de trait, de somme ou de luxe qu'il emploie.

Cette obligation ne paraîtra point trop oné-
reuse, si l'application en est régulière et judi-
cieuse. Il en serait tout différemment si l'on y
portait de l'arbitraire, si l'on ne prenait tous
les soins que sa répartition demande, pour être
juste et pour donner à tous la conviction de
cette justice.

L'article 3, qui autorise et règle les prestations, est divisé en trois paragraphes.

Le premier, qui appelle à y contribuer tout
habitant, chef de famille ou d'établissement, etc.
ne fait point de distinction d'âge, de sexe ni
de validité, distinction qui n'est que dans le
2°. paragraphe, et ne s'applique qu'aux dispositions de celui-ci. Ainsi tout habitant, chef de

maison, homme ou femme, jeune ou vieux, valide ou invalide, doit les prestations exigées par les paragraphes 2 et 3, pour ses fils, *vivant avec lui*, pour ses *domestiques mâles, etc.*, pour *ses bêtes de trait ou de somme*, etc. Mais il ne les doit point pour lui-même, s'il n'est point valide, s'il n'a point atteint sa vingtième année, ou si c'est une femme ; attendu que *l'obligation personnelle* n'est imposée par le 2e. paragraphe, qu'avec les exceptions dont nous venons de parler ; attendu aussi que l'article 2 veut que la prestation soit toujours payable en *argent ou en nature* à la volonté du contribuable ; or, la faculté d'acquitter personnellement *en nature* n'existerait point pour celui qui ne serait point valide ou n'aurait point l'âge prescrit ; elle n'existerait point non plus pour une femme, puisque la loi les exclut des prestations personnelles qu'elle impose.

Suite des prestations.

Pour l'exécution du paragraphe 2, l'âge sera facile à constater, puisqu'il suffira de l'extrait de naissance. Il n'en sera pas de même de la validité ou de l'invalidité; mais il ne faut pas perdre de vue qu'il est question d'une contribution exigible de tout individu qui est habituellement en état d'y satisfaire; que, par conséquent, une indisposition ou maladie temporaire ne peut pas déterminer l'exemption ; elle peut seulement donner lieu à l'ajournement de se libérer. Une personne n'est invalide, dans le cas dont nous nous occupons, que lorsque, par des vices d'organisation, par des infirmités durables, ou par son âge avancé, elle est hors d'état du travail que la loi a en vue.

La prestation est due pour tout domestique mâle. Il ne faut point ici envisager le mot de *domestique* dans sa signification vulgaire et limitée, mais bien dans sa signification générale, telle qu'elle a été admise de tous les temps; or, dans cette acception, on appelle « domestiques tous ceux qui font partie d'une maison et y ont des fonctions subordonnées à la volonté du maître qui leur paie des gages. »

En effet, la disposition législative dont nous déterminons l'accomplissement, a eu pour but de faire peser la charge de l'habitation sur tous

les individus que celle-ci embrasse. Elle atteint
la famille dans la personne des fils vivant avec
le père ; de même elle atteint la maison dans
la personne des individus qui en font partie :
il est donc hors de doute qu'elle a employé le
mot *domestique* dans son acception générale,
qui comprend à la fois les *services domes-*
tiques d'un ordre élevé et les *services do-*
mestiques d'un ordre subalterne; par conséquent, les secrétaires, les précepteurs, les intendans; et chez les artisans, les compagnons et les
apprentis ; ensuite les domestiques subalternes,
tels qu'ils sont connus dans l'acception vulgaire, et qui sont attachés ou au service de la
personne du maître, ou au service de sa maison, ou au service d'une ferme ou exploitation quelconque, et qui, à ce titre, *sont su-*
bordonnés à un chef de maison ou d'éta-
blissement, et en reçoivent des gages; con-
dition qui, dans l'un comme dans l'autre cas,
est indispensable pour déterminer les services
domestiques.

Les explications qui précèdent tracent suffisamment la ligne dans toute l'étendue qu'elle

doit et peut avoir. MM. les Préfets sentiront combien il importe que, dans les instructions qu'ils donneront à ce sujet, tout soit assez clair et précis pour éviter des erreurs. Nous avons dû nous renfermer dans des généralités, parce que nous écrivons pour tout le Royaume, et que nous n'avions qu'à bien définir l'une et l'autre catégorie des services domestiques, d'après les principes consacrés par la jurisprudence de notre droit commun. En observant les mêmes limites, et surtout en ne les dépassant point, il sera nécessaire qu'ils entrent dans plus de détails subordonnés aux usages locaux. Ils sentiront aussi qu'il est essentiel de donner et de faire donner des explications pour éviter tout ce qui pourrait blesser les amours propres. (1)

Les ouvriers, laboureurs ou artisans, généralement connus sous la dénomination de *gens de travail*, qu'ils travaillent à la journée ou

---

(1) Dans ce but, il faudra ne point porter dans les *états-matrices* et dans les rôles les secrétaires, intendans, etc., sous la dénomination de *domestiques*, mais sous leur propre dénomination.

à la tâche, pour l'agriculture ou pour l'industrie, ne doivent point être rangés parmi les serviteurs *domestiques*, et par conséquent ne sont point atteints par la disposition législative dont nous sommes occupés, à moins qu'ils ne soient chefs de maison ou d'établissement, etc.

Nous terminerons sur les deux premiers paragraphes de l'article 5, en observant que tout habitant porté à l'un des rôles des contributions directes doit être considéré comme chef de maison, lors même qu'il serait seul, s'il ne vit point chez son père, ou au service d'un maître.

Le troisième paragraphe, relatif aux journées des bêtes de trait, de somme ou de selle, etc., ne demande pas moins d'attention, afin d'éviter qu'on n'abuse de la loi ou qu'on ne l'élude.

Il oblige tout habitant contribuable à fournir deux journées au plus de chaque bête de trait ou de somme, de chaque cheval de selle ou d'attelage de luxe, et de charrette, en sa possession pour son service ou pour le service dont il est chargé.

Par conséquent, les bêtes de trait ou de somme, etc., pour être soumises à la prestation, doivent servir au possesseur, propriétaire fermier, ou colon partiaire, ou pour son usage personnel, ou pour celui de sa maison, ou pour une exploitation agricole ou industrielle, ou pour toute autre entreprise analogue : elles n'y sont pas soumises, s'il ne les tient que pour en faire un commerce ou pour la consommation, ou pour la reproduction, si, par leur âge, elles ne sont pas encore livrées à un service, ou si, par cette cause ou toute autre, elles ont cessé d'y être livrées.

Si la destination pour le commerce, la consommation ou la reproduction n'était point absolue ; si le possesseur en retirait en même temps un service de la nature de ceux que la loi a en vue, la prestation serait due : seulement il y aurait lieu à s'accorder avec le possesseur, ou, à défaut d'accord, à statuer par évaluation, pour déterminer parmi les chevaux, bœufs ou mulets, etc., ainsi possédés, susceptibles de servir, et pour le temps de la possession, un nombre des uns et des autres proportionné au service qu'il en retirerait, nombre pour lequel il devrait les journées imposées par la loi.

Dans tous les cas semblables ou analogues qui présenteront de l'incertitude ou trop de variations, l'Administration ne saurait procéder avec trop de soins pour éviter toute injustice, tout excès de rigueur ; là où de telles circonstances se présenteront, elle doit faire tous ses efforts pour engager le contribuable à un abonnement payable en journées de travail, ou en argent, ou même en matériaux, s'il y avait utilité ou convenance pour les travaux à faire.

Imposition et recouvrement des prestations.

Les formes à suivre pour imposer et percevoir la prestation, doivent porter avec elles toute la régularité, toutes les garanties dont elles peuvent être susceptibles. Pour atteindre ce double but, nous croyons qu'on doit commencer par dresser, dans chaque commune, un *état matrice* de tous les *habitans contribuables* qui y sont tenus, état qui devra indiquer en regard de chaque contribuable, dans des colonnes séparées, 1° le nombre de fils et de serviteurs mâles pour lesquels il doit la prestation ; 2° le nombre de bêtes de trait ou de somme, etc. , objet de la même obligation, ou bien la quotité d'abonnement souscrite , si l'on a eu recours à cette voie.

Cet état sera conçu et espacé de manière à pouvoir recevoir tous les ans, et pendant un certain nombre d'années, pour qu'on n'ait pas besoin de le renouveler trop souvent, les mutations survenues dans la position de chaque contribuable.

La confection en sera confiée aux Commissaires répartiteurs des contributions directes ; ou, s'ils s'y refusent ou si le temps leur manque , à des Commissaires spéciaux nommés par le Sous - Préfet sur la proposition du Maire.

Une première rédaction de ce travail devra rester déposée pendant un mois à la maison commune, où tous les contribuables qu'il concernera pourront en prendre connaissance , avertis par un avis du Maire , affiché sur tous

les points de la commune où se font ordinairement les affiches publiques. Il sera fait immédiatement droit, par la même commission, à
toutes les réclamations : le mois expiré, le
travail sera définitivement rédigé, et soumis,
par le Maire et le Sous-Préfet, à l'approbation
du Préfet, qui, avant de l'arrêter, pourrait ordonner de plus amples vérifications, s'il ne le
trouvait point suffisamment exact.

Cet *état-matrice*, sur lequel s'opéreront
annuellement, dans les mêmes formes, ainsi
que nous l'avons déjà dit, les mutations survenues, sans qu'il soit nécessaire de le soumettre de nouveau à l'approbation du Préfet,
à moins que des réclamations portées devant
lui ne lui en fassent sentir la nécessité, cet
état, disons-nous, servira de base pour dresser les rôles annuels de prestation.

Ce n'est qu'à l'égard de ces rôles, et lorsqu'ils auront été rendus exécutoires par le
Préfet, que des demandes en dégrèvement
pourront être adressées au Conseil de préfecture, ainsi que nous le verrons ci-après.

Le recouvrement des prestations devant,

en vertu de l'article 5, être poursuivi comme
celui des contributions directes, il sera nécessaire d'en charger les Percepteurs de ces contributions, dans les communes qui n'ont pas
de Receveur spécial : dans celles qui en ont,
le recouvrement sera fait par ces Receveurs,
que les lois assimilent aux comptables des de-
niers publics, et qui, à ce titre, ont également qualité pour exercer les poursuites et
pour répondre de la perception.

Il conviendra que les rôles rendus exécutoires soient remis à ces agens en même temps
que ceux des contributions directes, non-
seulement parce que c'est l'époque la plus
propice, qu'elle répond au commencement de
chaque exercice, mais encore parce qu'il est
essentiel, pour faciliter l'envoi des uns et des
autres avis aux contribuables, qu'il y ait coïn-
cidence dans l'époque de cet envoi.

Remises des Percepteurs et des Receveurs municipaux.

Les soins que ce recouvrement exige étant
plus multipliés que pour les contributions di-

rectes , il sera juste que les remises à allouer aux Percepteurs ou Receveurs soient plus élevées d'un tiers ou de moitié que celles qui leur sont accordées pour ces contributions. La fixation en sera faite par arrêté du Préfet, sur délibération des Conseils municipaux.

Le rôle devra exprimer, à l'article de chaque contribuable , la quotité de journées requises , dans la limite fixée par la loi , plus la valeur en argent. L'avis aux contribuables portera les deux indications , et l'invitation de déclarer dans le mois , délai qui aura été fixé d'avance par arrêté du Préfet , s'il entend se libérer en argent ou en nature : la déclaration sera faite devant le Maire , ou son Adjoint désigné à cet effet. Il en sera immédiatement donné avis au Percepteur ou Receveur , qui en prendra note sur le rôle ; faute de déclaration dans le délai déterminé , la cote sera maintenue en argent , et devra être acquittée avec toutes les autres payables de la même manière , aux époques qui seront d'avance fixées par arrêté du Préfet.

Dans les quinze jours qui suivront l'expira-

tion du délai de rigueur pour les déclarations,
le Percepteur ou Receveur enverra au Maire
un relevé du rôle, certifié par lui, comprenant
les cotes qui, d'après ces déclarations, devront être payées en nature. Ce relevé sera
remis au Fonctionnaire, à l'Inspecteur ou au
Commissaire chargé de surveiller les travaux
en nature, lequel l'émargera au fur et à mesure que les travaux seront acquittés par les
débiteurs. Tout contribuable qui ne se rendrait
point, ou qui n'enverrait point ses fils, ses
domestiques mâles et les bêtes de trait ou de
somme, etc., au jour et aux heures qui lui auront été assignés, ou qui ne fournirait qu'une
portion des journées par lui dues, soit en
manquant aux heures, soit autrement, devra
être poursuivi par les voies de droit, à moins
qu'il ne lui ait été accordé un ajournement
par le Maire. Ces ajournemens, motivés sur
des indispositions ou sur tous autres empêche-
mens légitimes, ne pourront se prolonger au-
delà du sixième mois qui suivra l'année pour
laquelle le rôle aura été fait. Immédiatement
après, toutes poursuites légales devront être

complétées par les Percepteurs ou Receveurs, sans interruption, afin que l'entier recouvrement puisse s'effectuer avant l'expira-
tion de la seconde année qui termine l'exercice, tel qu'il est fixé par l'ordonnance du
23 avril 1823.

S'agissant de recettes et de dépenses communales, il importe de les renfermer dans le
cercle fixé pour les autres recettes ou dépenses du même ordre, sauf à reporter à
l'exercice suivant les valeurs qui n'auraient
point été employées dans le cours d'un exercice,

Ces diverses dispositions devront être prescrites dans les arrêtés qui seront pris par MM. les
Préfets, pour l'exécution de la loi du 28 juillet dernier, et en vertu des présentes instructions, auxquelles il conviendra qu'ils se con-
forment autant que possible, sauf les modifications qui leur seraient conseillées par les
usages locaux : bien entendu que ces modifications ne porteront pas sur les parties essentielles, ne s'écarteront pas de l'esprit dans lequel nos instructions sont conçues, et que si
elles concernent les délais que nous avons

adoptés, afin de présenter dans un même ensemble la marche qui nous paraît la meilleure,
elles devront toujours s'enfermer dans les délais fixés pour chaque exercice par l'ordonnance
du 23 avril 1823.

Soit qu'ils s'attachent aux mesures que nous
avons indiquées, soit qu'ils en prescrivent de
plus appropriées aux localités, MM. les Préfets sentiront qu'il est nécessaire d'assigner un
délai après lequel les prestations ne pourront
plus être payées en nature, attendu que les
poursuites rigoureuses, telles qu'elles sont autorisées par les lois en matière de contributions,
et telles que la loi du 28 juillet les rend applicables aux prestations, aboutissant en dernier résultat à des saisies, ne peuvent procurer
des recouvremens forcés qu'en argent.

Nous ferons observer qu'il serait fâcheux à
tous égards que l'emploi des voies rigoureuses
dont nous venons de parler fût trop fréquent,
si surtout elles portaient sur des pères de famille malaisés, sur des individus voisins de
l'indigence. En pareil cas, il vaut mieux laisser tomber les cotes en non-valeur, que d'ag-

graver les charges de personnes qui ne seraient pas dans le cas de les supporter.

Sans doute les prestations étant, pour les moyens coercitifs de recouvrement, assimilées aux contributions publiques, l'autorité est en droit d'user de toutes les rigueurs légales; mais elle ne doit pas perdre de vue la nature de ces perceptions; qu'il s'agit de recettes et de dépenses pour la famille communale, stipulées à son seul profit; que par conséquent les poursuites doivent participer de ce caractère, et ne pas accumuler des frais qui seraient une perte pour les individus, sans profit pour la communauté.

Fixation des époques pour les travaux en journées.

Les prestations en nature seraient vraiment onéreuses pour la classe qui vit de son travail, si MM. les Préfets n'avaient le soin, dans leurs arrêtés, de fixer, selon les pays, l'époque des travaux qu'elles ont pour objet, de manière que les bras consacrés à l'agriculture ou à l'industrie n'en soient point détournés dans les temps qui les réclament le plus. Rien de plus essentiel

que ces fixations, que la prévoyance, que les
égards qui doivent les déterminer. Il faut sans
doute que les époques se rapportent aux besoins, à l'utilité des travaux, mais en conci-
liant ces considérations avec celles que nous
venons d'exprimer. Par conséquent, il sera
nécessaire que dans un même département les
époques varient selon les contrées et les raisons
particulières qui s'y rattachent.

Art. IV. — *Centimes additionnels.*

D'après l'article 4, lorsque le produit des
prestations ne suffit point, il peut être perçu
sur tout contribuable jusqu'à cinq centimes additionnels aux contributions directes.

Art. V.

D'après l'article 5, les prestations sont votées
par les Conseils municipaux, ainsi que les cinq
centimes; mais dans ce dernier vote ces Conseils doivent être assistés, comme pour toutes
contributions extraordinaires, d'un nombre de
plus imposés égal à celui de leurs membres.

Les Préfets sont investis par le même article,

afin d'éviter toute lenteur, du droit d'approuver l'imposition des prestations et des cinq centimes. Le recouvrement des unes et des autres doit être poursuivi et les dégrèvemens doivent être prononcés comme pour les contributions directes, ces derniers sans frais (1).

Nous avons déjà fait remarquer que les dégrèvemens dont il s'agit ici, en ce qui concerne les prestations, ne doivent point être confondus avec les réclamations, sur lesquelles il doit être statué avant la rédaction définitive de l'*état-matrice* des prestations. Ces réclamations peuvent sans doute donner lieu à des modifications dans les élémens des cotes, avant leur fixation; mais ce ne sont point là des dégrèvemens tels que la loi les entend, qui ne peuvent être demandés qu'après que les rôles ont

(1) Il est bien entendu qu'on procédera, pour imposer et recouvrer les 5 centimes autorisés par l'article 5 et les contributions permises par l'article 6, comme pour toutes autres contributions extraordinaires, soit pour la formation des rôles, soit pour le recouvrement par les seuls percepteurs, soit pour les remises auxquelles ils auront droit, etc.

été rendus exécutoires et mis en recouvrement,
et qui doivent être prononcés, comme pour
les autres contributions, par les Conseils de
préfecture.

Taux de conversion en argent des journées en nature, et réciproquement.

Le même article veut encore que les Conseils municipaux fixent *le taux de la conversion* des prestations en nature, c'est-à-dire, le taux des diverses espèces de journées de travail exigées par le deuxième et troisième paragraphes de l'article 3. Ces Conseils, pour cette fixation, ne doivent point être assistés des plus imposés, et il est bien entendu que leurs délibérations, pour être définitives, doivent avoir été approuvées par les Préfets ; c'est de droit commun, et la loi n'avait pas besoin de le dire.

Enfin le même article 5 porte que les comptes des prestations et des cinq centimes seront rendus comme pour toutes les autres dépenses communales. Cette disposition est également applicable aux contributions extraordinaires qui pourraient être votées pour les mêmes dépenses, en vertu de l'article 6 dont nous parlerons tout-à-l'heure.

Art. VI.

On a déjà vu que les prestations ne pouvaient, sous aucun prétexte, être votées et employées que pour les chemins communaux : il en est de même des centimes autorisés par l'article 5, et des contributions extraordinaires permises par l'article 6.

Spécialité des recettes et des dépenses applicables aux chemins communaux.

Pour satisfaire à ces intentions de la loi, il sera nécessaire, non pas de former un budget séparé pour les chemins communaux, mais d'y consacrer un chapitre spécial, soit en recettes, soit en allocations, dans chaque budget communal, et d'agir de même pour les comptes.

Il est hors de doute qu'on ne portera dans le chapitre destiné à ces recettes spéciales, que celles qui ne peuvent être perçues que pour cette destination, telles que la valeur présu-

ici des proportions ordinaires, il est juste
que la charge en sorte également, et qu'il y
soit pourvu par des indemnités permanentes
ou temporaires, selon les causes qui y donneront lieu. Si ces causes n'étaient que des pré-
textes, ou que les communes se montrassent
trop exigeantes, les Conseils de préfecture,
investis du droit de prononcer ces indemnités, jugeraient que leur justice est intéressée
à repousser, à modifier de telles prétentions;
comme aussi ils jugeraient que si des influences
quelconques paralysaient l'action des communes, il conviendrait d'y suppléer. Ces indemnités ne pouvant être prononcées que d'après
des expertises contradictoires, les intérêts des
tiers, comme ceux des communes, auront
leur organe, et se trouveront ainsi à l'abri de
toute surprise. Les expertises seront toujours
faites de manière que la commune nomme son
expert, la partie opposée le sien; et qu'en cas
de discord, le tiers expert soit nommé par le
Préfet. Nous nous bornerons à faire observer,
comme règle générale à suivre dans ces opérations, qu'il s'agit bien moins d'évaluer le dom-

mage vu en lui-même, que de l'évaluer relativement à celui qui est occasionné par les autres habitans. Nous répéterons ce que nous avons précédemment dit, qu'il est fort à désirer, alors surtout qu'il s'agira de dommages permanens, causés par des entreprises également permanentes, que l'indemnité soit convertie en une sorte d'abonnement annuel. Il est bien entendu que toutes les fois qu'on a recours à une convention de ce genre, elle doit être souscrite de part et d'autre, approuvée par le Préfet; et que celui qui en reste grevé, doit s'être soumis aux poursuites administratives autorisées par les lois.

Les motifs qui ont dicté l'article 8, rentrent dans le même principe de profits et d'obligations: il ne s'agit point, dans cet article, des prestations en nature ou en argent; elles sont dues, en vertu de l'article 3, par les fermiers, régisseurs et colons partiaires attachés aux propriétés de l'État et de la Couronne, comme par tous les autres : il s'agit des cinq centimes à imposer en vertu de l'article 5, et des contributions extraordinaires à imposer en vertu de l'article 6.

pour le seul service des chemins communaux.

L'une et l'autre nature de biens n'étant point soumises aux contributions de l'État, on manque de base fixe pour les imposer ; mais il est facile d'y suppléer. Dans chaque département, la proportion des contributions avec le revenu des terres est ordinairement connue : on a d'ailleurs les moyens de la déterminer selon les localités, soit par les opérations cadastrales déjà faites, soit par les baux et les actes de vente. D'autre part, on a les mêmes moyens de connaître les revenus des propriétés de l'État et de la Couronne, par les baux, si elles sont affermées ; par les écritures des produits annuels, toujours régulièrement tenues par les agens de l'une et l'autre Administration, s'il s'agit de forêts ou de tous autres biens non affermés. Il suffira donc d'appliquer à ces élémens la proportion reconnue pour les autres propriétés, et d'en induire la part contributive que devra supporter toute propriété de l'État ou de la Couronne, lorsque des contributions devront être imposées pour des chemins communaux, soit en vertu de l'article 5, soit en vertu de l'article 6. Les Préfets auront le soin de ne statuer à ce sujet qu'après avoir pris l'avis officiel des agens de l'un ou de l'autre domaine, qu'après avoir fait, d'accord avec eux, toutes les vérifications préalables, et, autant que possible, qu'après s'être entendus sur les quotités de ces parts contributives. J'ai lieu d'espérer que LL. EE. les Ministres des finances et de la maison du Roi donneront des instructions semblables à leurs subordonnés.

Il est encore une ressource que la législation permet et dont on peut user pour les chemins communaux comme pour les routes royales et départementales, mais avec moins de fruit, attendu qu'elle n'est qu'une charge sans compensation, là où les passages ne sont pas assez fréquens. Nous voulons parler des droits de péage; disposition qui avait été recommandée par un de nos prédécesseurs, dans sa circulaire du 6 juin 1816. Nous n'irons pas aussi loin que lui; mais nous pensons qu'on peut quelquefois y recourir, à défaut d'autres ressources, pour des ponts ou des bacs à éta-

blir sur des points très-fréquentés de la voirie
communale : nous disons très-fréquentés, attendu que partout ailleurs les frais absorbe-
raient le produit. Nous nous bornerons à faire
observer, relativement aux formes à suivre,
qu'un tel droit ne peut être autorisé que par
ordonnance royale, et qu'indépendamment de
la délibération du Conseil municipal, pour le
proposer et pour voter le tarif, il est toujours
convenable que l'avis du Préfet soit précédé
d'une information administrative

Art. IX. — *Chemins qui intéressent plusieurs Communes.*

L'article 9, relatif aux chemins qui intéressent plusieurs communes, porte « qu'en cas
« de discord entre elles sur la proportion de
« cet intérêt et des charges à supporter, ou en
« cas de refus de subvenir à ces charges, le
« Préfet prononcera, en Conseil de préfecture,
« sur la délibération des Conseils municipaux
« assistés des plus imposés. »

Le pouvoir donné par cet article mettra fin
à de nombreuses difficultés : il empêchera que

les communications communales les plus essentielles ne tombent en dégradation, ne restent
en souffrance dans des étendues plus ou moins
grandes, par des refus mal entendus, mal fon-
dés, de quelques Conseils municipaux. Mais
autant il est prescrit aux Préfets d'user de ce
pouvoir partout où ce sera nécessaire, autant
il doit leur être recommandé de n'en jamais
user sans nécessité; de n'en user qu'après avoir
employé toutes les voies de persuasion auprès
des Conseils municipaux récalcitrans; de ne
jamais prononcer légèrement, d'entendre toujours tous les dires contradictoires, avant de
statuer sur la proportion d'intérêt et de charge
dont il est ici question; d'entendre aussi les
Inspecteurs des chemins communaux, partout
où il y en aura, et d'envoyer des Ingénieurs ou
d'autres hommes de l'art partout où il y aura
doute, incertitude, ou une trop grande résistance, qui suppose presque toujours qu'elle est
plus ou moins fondée.

Les premières décisions à rendre à ce sujet
devant servir dans la suite de base en quelque
sorte permanente, il sera nécessaire qu'elles

soient d'autant plus motivées et précédées de plus de recherches attentives, d'informations exactes.

Ces décisions primitives devant subsister, il conviendra qu'elles soient conçues de manière à pouvoir remplir ce but, et qu'elles ne se bornent pas à dire, *telle commune fournira telle somme pour la dépense à faire sur tel chemin*, puisque les sommes doivent varier dans leur quotité selon les besoins, mais bien, *telle commune doit contribuer dans la proportion de 3, de 5, de 10, etc., dans les charges à supporter pour tel chemin*, en rapportant le nombre partiel à un nombre total, dans l'ensemble duquel le nombre partiel de chaque commune exprimera la proportion de ses charges.

Un tel travail exigeant du temps, il conviendra sans doute de le hâter autant que possible; mais il ne faudrait pas retarder jusqu'à sa confection les réparations à faire sur les chemins qui devront en être l'objet : on obviera à ces besoins en statuant sur chacun d'eux à mesure qu'ils se présenteront, mais sans s'écar-

ter des règles tracées, et de manière que chaque
décision partielle puisse servir d'élément à la
décision générale et y prendre place successivement.

Cet article 9 investit les Préfets du droit de
statuer en Conseil de préfecture, toutes les fois
qu'il y a discord ou résistance ; de statuer,
disons-nous, non-seulement sur les proportions d'intérêt et de charges, mais encore sur
les moyens d'y subvenir : par conséquent, de
porter aux budgets des communes rénitentes
les allocations nécessaires ; d'ordonner les prestations et l'imposition des cinq centimes jusqu'à concurrence des besoins et des obligations, et même, si cela devenait indispensable,
de suppléer au vote négatif des Conseils municipaux, pour obtenir des contributions extraordinaires, en vertu de l'article 6.

Sans doute le degré d'intérêt de chaque commune doit servir à déterminer l'étendue de ses
charges : toutefois il conviendra aussi d'avoir
égard aux ressources de chacune d'elles, attendu que, dans tous les cas analogues, la
possibilité de subvenir à de telles dépenses, les

raisons d'empêcher qu'elles ne soient acca-
blantes pour la population ou pour la propriété,
sont des conditions de justice que l'Administration ne doit jamais perdre de vue.

Art. X. — *Acquisitions, ventes, échan-*
ges, etc.

L'article 10 étend aussi l'autorité des Préfets, en leur donnant, pour les acquisitions,
ventes, échanges, expropriations, etc., un
pouvoir qui était précédemment réservé à l'autorité royale.

Cette concession, réclamée par l'expérience,
a eu pour but d'abréger les lenteurs, là où
elles ne pouvaient que nuire sans ajouter aux
garanties : celles-ci seront d'ailleurs suffisamment assurées par l'attention que donneront
MM. les Préfets aux actes de cette nature, par
l'assistance des Conseillers de préfecture, par
les procès-verbaux *de commodo et incom-*
modo. (1)

(1) Les informations administratives *de commodo et*
incommodo, nécessaires toutes les fois qu'il y a lieu de
prononcer une addition ou un retranchement à la voie

La limite posée par cet article a paru nécessaire dans l'intérêt de la propriété, afin d'éviter que les communes ne se laissent aller trop facilement à des opérations qui ne sont pas toujours sans inconvénient. Cette limite n'a d'ailleurs rien de gênant, puisque, la plupart du temps, les opérations dont il s'agit ici n'excéderont pas la valeur qui y est assignée ; que, par conséquent, l'urgence sera satisfaite, en même temps que les considérations d'un ordre

publique, peuvent aussi être employées avec utilité lorsque, s'agissant de mettre des chemins publics à la charge d'une ou plusieurs communes, les Préfets se trouvent en discord avec les Conseils municipaux, ou ont lieu de craindre que des Conseils n'aient cédé à des vues mal entendues ou à des influences particulières.

Il arrivera que des propriétaires riverains, par des motifs honorables ou intéressés, consentiront quelquefois à des abandons gratuits de terrains : l'autorité peut sans doute les y engager ; mais elle ne peut jamais l'exiger, et elle doit toujours être assez prudente pour ne jamais ordonner ni permettre des travaux dont des terrains ainsi concédés seraient l'objet, avant que la concession ait été stipulée par écrit et dans un acte qui ait une authenticité suffisante.

supérieur auxquelles il importe d'avoir égard.

Nous venons de parcourir toutes les dispositions de la nouvelle loi, et il suffira, sans doute, des développemens dans lesquels nous sommes entrés, pour diriger MM. les préfets dans les réglemens qu'ils auront à faire, les instructions qu'ils auront à donner, et la marche qu'eux-mêmes auront à suivre.

Ces développemens les convaincront que les moyens que cette loi donne, sont assez grands pour satisfaire aux nécessités qu'elle a eues en vue; nécessités qu'on s'exagérerait, si on ne les mesurait aux ressources locales, si on ne les subordonnait aux autres intérêts de la propriété. On sortirait de ces bornes, si l'on voyait dans les chemins communaux autre chose que les besoins généraux de chaque population, que les besoins de l'agriculture, de l'industrie locale, des échanges qui les font prospérer; si l'on y recherchait des convenances isolées, le désir de porter plus d'agrément dans l'accès d'habitations particulières; ou seulement si l'on cédait à des considérations qui ne tendraient qu'à ce dernier ordre d'intérêts.

Largeur et Alignemens.

La nouvelle loi ne parle pas de la largeur des chemins, parce que la loi du 28 février 1805 (1) [9 ventôse an 13] y avait déjà pourvu et posé des règles générales, en laissant aux réglemens, aux usages, aux convenances de chaque localité, une latitude suffisante.

Fossés.

Elle ne parle pas non plus des fossés, par le

(1) C'est par une fausse interprétation de l'article 6 de cette loi, que les circulaires ministérielles des 7 prairial an 13 et 6 juin 1818 avaient attribué aux Conseils de préfecture le droit de prononcer sur la largeur et la limite des chemins communaux. La jurisprudence consacrée par plusieurs actes souverains a depuis rectifié cette erreur : une telle attribution appartient par sa nature à l'administration proprement dite, et ne peut être exercée que par les Préfets : les alignemens sont, sous leur autorité, donnés par les Maires, etc.

Les Conseils de préfecture n'ont à intervenir qu'en vertu de l'article 8 de la même loi, que pour juger les contraventions aux dispositions qu'elle prescrit, etc.

Ces points de compétence sont désormais assez connus, pour dispenser de plus amples explications.

désir de laisser aux communes toute liberté,
selon la nature du sol et l'importance des communications. Si l'on n'envisageait que les chemins en eux-mêmes, il serait désirable que
tous eussent des fossés suffisamment larges et
profonds; mais ce n'est là qu'un côté de la
question : il faut aussi voir les dépenses qui en
résulteraient pour les communes et pour les
riverains; les pertes qu'on occasionnerait à
l'agriculture, dans les contrées où le terrain
est assez précieux pour qu'on doive éviter tout
sacrifice non obligé; voir les difficultés qu'on
trouverait dans le sol; apprécier enfin les nécessités de ce genre, selon chaque pays et chaque communication.

La loi n'avait, à ce sujet, rien à ajouter au
droit commun, et toute prescription de sa part
eût pu devenir un embarras. Les Préfets, dans
leurs réglemens, doivent agir avec la même
réserve, la même prévoyance; ne point donner
à ce sujet de règle générale, se borner à recommander aux communes d'établir des fossés, partout où les avantages qui en résulteront pour les
chemins ne seront point combattus par de plus

puissans motifs, partout où les ressources locales permettront la dépense, et où l'agriculture
n'aura pas trop à en souffrir.

Quant aux droits respectifs concernant les
fossés et l'obligation de leur entretien, les articles 666, 667, 668 et 669 du Code civil y ont
suffisamment pourvu, et il suffira de s'y conformer ou d'en rappeler l'exécution, en distin-
guant les divers cas qu'ils présentent.

Plantations.

Quant aux plantations, la législation n'avait
également rien à ajouter à l'article 7 de la loi
du 28 février 1805 [9 ventôse an 13], en ce
qui concerne l'obligation aux particuliers de
respecter l'alignement donné par l'autorité
pour la largeur des chemins, et aux articles 671
et 672 du Code civil, en ce qui concerne,
1°. les distances des plantations à ces alignemens, eu égard aux diverses espèces d'arbres ;
2°. le droit de faire arracher celles qui ne seraient point à ces distances ; 3°. le droit de faire
couper les branches et les racines qui avancent
sur la voie publique, et par conséquent le

pouvoir nécessaire pour les élagages à ordonner, là où ils ne le sont pas par des réglemens locaux.

Haies mitoyennes.

Enfin, les articles 670 et 673, relatifs aux haies mitoyennes, donnent à l'autorité de suffisantes indications, de suffisans moyens d'exécution, là où il est d'usage que les chemins et les propriétés riveraines n'aient point d'autres séparations, ou seulement là où ce mode de séparation se trouve établi. Partout où il est suffisant et où il ne nuit point, il est préférable à tout autre, comme le moins dispendieux, le moins préjudiciable à l'agriculture, et parce qu'il sert d'indication aux voyageurs dans les mauvaises saisons, de moyen de conservation à la largeur, à l'alignement des chemins. Il serait donc mal entendu de le supprimer pour y en substituer un autre, à moins de raisons puissantes qui y obligent; et même de ne pas le recommander là où ces raisons contraires n'existent pas.

Des plantations faites à distance offrent une partie de ces avantages; mais elles exigent plus

de terrain , et sont plus dispendieuses à d'autres
égards , parce qu'elles ne se font ordinairement
qu'en arbres à hautes tiges ; elles peuvent être
plus nuisibles aux chemins dans les terrains
marécageux , dans les pays humides, à cause
de l'ombrage qu'elles donnent , de l'air qu'elles
interceptent : il est même des cas où les simples haies à petites plantations doivent être in-
terdites par ces motifs.

Observations générales.

Tout , dans les dispositions de cet ordre ,
doit donc être subordonné aux circonstances
locales , plus ou moins variables ; et la nouvelle
loi a agi avec autant de fondement que de prévoyance , en laissant au droit commun tout
son empire , aux autorités de chaque pays le
libre emploi de tous les moyens qu'il autorise,
soit pour agir d'après ses seules règles , soit
pour faire exécuter les réglemens locaux et les
usages assez consacrés pour en tenir lieu , dans
toutes les dispositions qu'il permet ou qu'il ne
défend point.

Il n'est pas sans exemple que des Préfets se

laissent aller au vain désir de tout réglemen-
ter, de faire de leurs arrêtés des sortes de
codes sur chaque branche de service : c'est rarement une bonne manière d'administrer. Les
réflexions que contiennent ces instructions les
convaincront qu'ils ne doivent pas se laisser
entraîner trop loin par ce désir, dans les réglemens qu'ils feront pour l'exécution de la
loi du 18 juillet. Sans doute ces réglemens
doivent contenir tout ce qui, dans les matières que nous traitons, est susceptible de
règles générales et uniformes dans chaque département ; mais ils ne doivent pas aller au-
delà. Ils doivent éviter les détails d'exécution,
et réserver aux instructions, ou à des arrêtés
particuliers, le soin de donner les directions
nécessaires, ou de statuer dans tout ce qui
sera susceptible de varier selon les localités.

Nous rappellerons que ces réglemens ne
peuvent être publiés qu'après avoir été soumis à notre approbation ; et MM. les Préfets,
en nous les transmettant, voudront bien en-
trer dans assez de développemens, non seulement pour nous faire apprécier les dispo-

sitions qui tiendraient aux usages locaux , mais
encore pour que nous puissions juger dans quel
esprit , dans quelles particularités relatives à
ces usages , seront conçues les instructions qui
devront les accompagner. Ils savent que toutes
les décisions à rendre dans la suite, par eux
ou par les Conseils de préfecture , pour l'exécution de ces différentes mesures , seront , en
principe général , assujetties à des recours ,
soit devant nous , soit devant le Conseil d'état;
et c'est un motif de plus de bien s'entendre sur
toutes choses , dans la première impulsion à
donner.

Nous nous sommes attachés à prévoir ce qui
nous a paru devoir l'être pour la généralité des
départemens ; mais nous nous réservons de
donner , dans nos réponses particulières , les
solutions que pourrait exiger chaque département , et même de remplir les lacunes qui seraient échappées à notre attention. Nous en-
tendons sans doute que MM. les Préfets aient
toute la latitude pour agir , et il n'est pas dans
notre pensée de les soumettre à une surveillance
minutieuse ; mais à mesure que nous entrons

de plus en plus dans les voies légales et consti-
tutionnelles , nous devons tenir davantage
à prévenir les irrégularités qui n'ont été que
trop communes dans les matières dont nous
sommes ici occupés , et qui seraient d'autant
moins excusables désormais , que la nouvelle
loi a donné des moyens suffisans , si l'on sait
bien les employer , et si l'on sait se défendre
de toute fausse idée au sujet de ces communications , fort essentielles sans doute , mais dans
lesquelles , ainsi que nous l'avons déjà observé,
tout doit être mesuré aux besoins, aux ressources de chaque pays , afin qu'elles ne soient
jamais ni des chemins de luxe, ni des chemins
destinés à des convenances particulières , à
moins que celles-ci ne veuillent en faire les
frais.

Le Ministre Secrétaire d'état de l'intérieur ,

Signé CORBIÈRE.

IMPRIMERIE DE MARCHAND DU BREUIL,
rue de la Harpe, n°. 80.

EXPLICATION

DE

LA LOI DU 28 JUILLET 1824,

SUR LES

CHEMINS VICINAUX.

TEXTE DE LA LOI.

ART. Ier. *Les chemins reconnus par un arrêté du préfet sur une délibération du conseil municipal, pour être nécessaires à la communication des communes, sont à la charge de celles sur le territoire desquelles ils sont établis, sauf le cas prévu par l'art. 9.*

OBSERVATIONS.

N.° Ier Jusqu'à la loi du 28 Juillet 1824, les chemins, dont nous nous occupons, avaient été connus sous la dénomination de chemins *vicinaux*. Mais cette loi n'emploie cette dénomination que dans son titre ; elle se sert, dans le texte de ses dispositions, des termes chemins *communaux*. Ces deux désignations ne sont pas tout-à-fait synonimes. La dernière est générale et comprend tous les chemins dont une commune est propriétaire : c'est le *genre*. La 1.re ne convient qu'à ceux qui ont été reconnus nécessaires aux communications de la généralité des habitants : c'est l'*espèce*.

2. Cet article tranche une difficulté à laquelle avaient donné lieu le vague des termes de la loi du 9 ventose an 13, et la circulaire ministérielle du 7 prairial de la même année, publiée pour son exécution. La loi porte, article 6 : *l'Administration publique* fera rechercher, etc. De là, beaucoup de conseils de préfecture avaient tiré la conséquence, que la reconnaissance de la vi-

cinalité et des limites des chemins était dans leurs attributions. Cette conséquence était même appuyée sur un passage très-formel de la circulaire du 7 prairial. A la vérité le Conseil d'Etat avait interprété différemment les termes *l'administration publique*, etc., en décidant qu'ils désignaient *les préfets* ; mais plusieurs Conseils de préfecture n'en persistaient pas moins à se prétendre compétents. Cette divergence de jurisprudence ne peut plus exister aujourd'hui. La loi du 28 juillet est formelle et fait cesser l'interprétation donnée par le ministre à celle du 9 ventose. C'est donc au préfet et non au Conseil de préfecture qu'il appartient de déclarer la vicinalité.

Lors donc qu'il s'élèvera une contestation sur le point de savoir, si un chemin est vicinal, ou grande route, ou sentier particulier, ce sera au préfet à la décider. Comme on le voit, la loi ne fait que sanctionner à cet égard la jurisprudence du Conseil d'Etat; et par conséquent toutes les règles que nous avons données dans notre Traité des chemins de toutes espèces, chapitre 2, de la seconde partie, subsistent toujours et doivent être observées.

3. Le pouvoir de reconnaître la vicinalité des chemins emporte nécessairement celui de fixer leur largeur et leur direction. Il entre donc dans les attributions du préfet non-seulement de décider lorsqu'il sera question de savoir si tel chemin, sur la largeur et l'emplacement duquel il n'existe aucun débat, est ou non vicinal, mais encore d'en fixer les limites, l'emplacement, la direction, malgré la contestation qui serait élevée sur ces points divers. S'il en était autrement, la loi du 28 juillet

n'aurait rien fait : sa disposition serait continuellement éludée. Un plaideur entêté et de mauvaise foi ne manquerait jamais, pour dessaisir le préfet, de contester l'emplacement, la direction et les limites du chemin.

4. La loi du 28 juillet, introduit une nouvelle règle qui est une amélioration sensible du système précédemment suivi. Elle veut que le préfet ne puisse déclarer la vicinalité que sur une délibération du Conseil municipal. Dans l'ancien ordre de choses, lorsqu'il ne s'agissait que d'un seul chemin, le préfet pouvait décider sans prendre aucun avis, ou sur l'avis soit du maire, soit d'un commissaire-voyer ou autre. L'article 1.ᵉʳ de la loi du 28 juillet a pour objet de faire cesser cet abus dans le cas particulier dont nous venons de parler. La nécessité de la délibération préalable des Conseils municipaux est

la même dans tous les cas où le chemin
n'a point encore été reconnu vicinal, et
où ce caractère lui est contesté. Si donc,
incidemment à une poursuite devant le
Conseil de préfecture, ou devant les tribunaux, les parties ou l'une d'elles sou-
tiennent que le chemin n'est pas vicinal,
ou qu'il n'a pas telle largeur ou telle direction, le Conseil municipal doit être
préablement consulté; car cette formalité n'est pas requise pour le seul cas où
il s'agit de savoir quels chemins on doit
réparer aux frais de la commune; elle
l'est toutes les fois qu'il y a lieu de constater la vicinalité. La loi ne s'est point oc-
cupée du cas où il s'agit d'arrêter le tableau général de tous les chemins de la
commune; mais ce cas est réglé par
l'instruction ministérielle du 7 prairial
qui veut que le Conseil municipal soit
consulté, et cette instruction, ainsi que
les lois et règlemens existants, conti-

nuent de subsister et d'être observés dans tous les points sur lesquels la nouvelle loi ne contient pas de dérogation expresse; c'est ce qu'il ne faut jamais perdre de vue dans toutes les difficultés auxquelles la loi nouvelle peut donner lieu.

Plusieurs membres de la chambre des députés (1) avaient demandé que la loi détaillât les formalités qui devaient précéder la reconnaissance de la vicinalité; mais cette demande fut rejetée sur les observations de S. Exc. le ministre de l'Intérieur, que, par cette proposition, l'on ne demandait rien de nouveau; que la législation et les réglemens existans prévoyaient le cas et continuaient de subsister; que d'ailleurs ces dispositions étant purement régle-

____

(1) MM. Gillet et de Gerès, séance du vendredi 2 juillet, (voyez le Moniteur).

mentaires, ne pouvaient point trouver place dans la loi, mais devaient faire l'objet d'instructions, s'il devenait nécessaire d'apporter quelques changements à celles existantes.

Un autre député (1) proposa d'ajouter à la loi cet amendement : « Tous les règlements et ordonnances qui existent relativement aux chemins communaux, et auxquels il n'est pas dérogé par la présente loi, demeurent maintenus. » Mais il le retira sur l'observation qui lui fut faite par la chambre qu'il n'y avait besoin d'aucune disposition de ce genre; que ce qu'il demandait était de droit.

5. Quoique le préfet ne puisse reconnaître la vicinalité d'un chemin que

---

(1) M. Meffray, séance du lundi 5 juillet, (voyez le Moniteur)

sur une délibération du Conseil municipal, il est manifeste qu'il n'est point
lié par cette délibération et qu'il peut
conséquemment décider dans un sens
opposé à l'opinion qu'elle contient, soit
pour déclarer qu'un chemin est vicinal,
soit pour déclarer qu'il ne l'est pas.
C'est ce qui résulte d'ailleurs de l'instruction ministérielle du mois d'octobre 1824, qui recommande particulièrement aux préfets d'user de ce pouvoir
avec une grande réserve, et seulement
dans le cas où le conseil municipal aurait
agi avec partialité, en négligeant ou sacri-
fiant des communications évidemment
nécessaires, ou en grévant les fonds
municipaux de dépenses dont l'inutilité
serait manifeste.

6. L'instruction du 7 prairial exige que le tableau des chemins vicinaux soit affiché pendant un certain
temps, afin que chaque particulier

puisse faire, sur ce qu'il contient, les
observations qu'il croit utiles à ses intérêts. Rien de pareil n'est prescrit, ni
par la loi du 9 ventose, ni par l'instruction pour le cas où il ne s'agit que d'un
seul chemin ; mais la justice et la raison
d'analogie veulent qu'il en soit de
même dans tous les cas. Ainsi lorsqu'une contestation s'engage entre une
commune et un particulier, ou entre
deux particuliers, sur la nature d'un
chemin prétendu vicinal, le maire doit
afficher par extrait, à la porte de la
mairie, la délibération que le Conseil
municipal doit prendre à cet égard. Un
système contraire entraînerait les plus
graves inconvénients ; des propriétaires
pourraient ignorer la procédure administrative ; un chemin pourrait être dé-
claré vicinal, et son emplacement,
ainsi que sa largeur, fixés à leur détri-
ment. Il faudrait nécessairement les

admettre à réclamer par la suite; et l'administration serait ainsi exposée à revenir contre sa décision. Il est plus raisonnable de mettre d'abord les parties intéressées à même de faire valoir leurs droits; autrement la commune ne pourrait avoir la possession provisoire à l'égard des tiers; car la décision administrative ne pourrait avoir d'effet qu'entre ceux qui y ont été parties.

Il y a d'ailleurs une observation qui ne doit pas nous échapper; c'est que dans tous les cas, et jusqu'à ce que la vicinalité d'un chemin ait été contradictoirement reconnue avec un particulier, celui-ci est recevable à la contester, nonobstant l'observation des formalités prescrites par la circulaire du 7 prairial an 13 et la décision du préfet intervenue conformément à l'article 1.er de la loi du 28 juillet 1824. Cette décision ne peut être considérée, à l'égard de ce particulier, que comme rendue par défaut ; il peut toujours y former opposition devant le préfet lui-même, sauf le recours au ministre et ensuite au Conseil d'État.

Vainement dirait-on que ce système rendrait illusoires les formalités prescrites pour parvenir à la reconnaissance de la vicinalité et que la décision du préfet deviendrait également sans effet ; on répondrait que de cette décision résulterait toujours cet avantage, que, pendant le litige administratif ou judiciaire, la commune pourrait, en cas de nécessité, être provisoirement maintenue dans la possession du chemin ; mais qu'une solution contraire à celle que nous venons de donner entraînerait les plus graves inconvénients, en ce qu'un particulier qui a pu être dans l'impossibilité de réclamer, parce qu'il a ignoré ce qui se passait, ou qu'il était absent, serait exproprié, sans avoir pu faire valoir ses droits.

Cette doctrine, que nous avions déjà développée dans notre Traité des chemins, p. 215, nous paraît avoir été consacrée dans l'espèce suivante :

Le tableau des chemins vicinaux de la commune d'Argenteuil, arrêté par le préfet, fixait à 10 pieds la largeur d'un chemin. En 1823, plusieurs habitants ayant passé sur la propriété des sieurs Cressent et Dulong, qui longeait le chemin, furent traduits en justice par ces derniers. La commune intervint, et soutint que le terrain sur lequel ces habitants avaient passé faisait partie du chemin. Les sieurs Cressent et Dulong répliquèrent que le tableau des chemins vicinaux, arrêté et exécuté depuis 17 ans, fixait à 10 pieds seulement la largeur de celui en litige, et que le terrain sur lequel la voie de fait avait

été commise, bordait l'espace de 10
pieds, mais n'en faisait pas partie. Alors
la commune sollicita et obtint du préfet
un arrêté portant, qu'attendu que l'état
des chemins vicinaux n'avait pas été
dressé convenablement, en conformité
de la loi du 9 ventose an XIII, il fût
procédé à l'état définitif de tous les chemins vicinaux de la commune.

Les sieurs Cressent et Dulong atta-
quèrent cet arrêté directement devant
le Conseil d'Etat, pour cause d'incom-
pétence et d'excès de pouvoir. Ils sou-
tinrent qu'en approuvant en l'an XIV
le tableau des chemins vicinaux, le
préfet avait épuisé sa compétence,
qu'aux termes de la circulaire ministérielle du 7 prairial an XIII, son arrêté
était définitif, et avait force de chose
jugée; que, si la commune prétendait
qu'il contenait des erreurs, elle pouvait
tout au plus s'adresser au ministre pour

les faire réformer ; ce qui n'était pas
sans difficulté, puisque c'était la commune elle-même qui avait dressé le tableau, et qu'il avait été ensuite ap-
prouvé tel qu'elle l'avait présenté au
préfet.

Ces raisons ne prévalurent pas , et
par arrêt du 26 août 1824, le pourvoi
des sieurs Cressent et Dulong fut rejeté
parce que le préfet avait agi compé-
temment.

Or, s'il est permis à une commune
de demander la réformation d'un arrêté
rendu sur sa provocation , et qui est en
quelque sorte son ouvrage , le même
droit appartient, à plus forte raison ,
aux particuliers lésés par cet arrêté.

7. La loi et l'instruction prescrivent
bien les formalités qui doivent précéder
la reconnaissance de la vicinalité ; mais
elles ne disent pas à qui il appartient de
provoquer cette reconnaissance. De ce

silence, nous tirons la conséquence qui nous paraît toute naturelle, que l'intention du législateur a été de laisser la solution de cette question aux règles du droit commun, suivant lequel *l'interêt est la mesure des actions*; ainsi nous pensons que toute personne intéressée, même un simple particulier, pourra la provoquer. La nature des choses rend même cette conséquence forcée. C'est ce qu'il est facile de démontrer par un exemple. Un particulier traverse un champ; traduit en justice pour s'entendre défendre d'y passer, parce que le chemin existant sur cet héritage ne constitue qu'un sentier privé, il articule pour sa défense qu'il forme au contraire un chemin vicinal. L'autorité judiciaire est bien certainement incompétente pour décider ce débat. Elle renverrait les parties devant l'administration. Pourquoi ces parties n'éviteraient-elles pas ce circuit, cette décision et les frais qui en sont la suite, en s'adressant directement à cette même administration ? Pourquoi un particulier attendrait-il cette poursuite judiciaire, et ne la préviendrait-il pas, en demandant au préfet de déclarer vicinal un chemin qui constitue son unique issue ? vainement dirait-on, dans ce cas, qu'il peut réclamer le passage que la loi accorde à tout enclavé; car il n'en aurait pas moins un grand intérêt à faire reconnaître la vicinalité, puisque ce passage n'est point gratuit, et que le chemin vicinal, au contraire, ne l'assujettirait à aucune indemnité.

Sans doute, le maire est le représentant de la commune : lui seul doit intenter les actions qui intéressent la généralité des habitants; mais la loi qui consacre cette disposition ne l'a rendue applicable qu'aux actions judiciaires : et dans l'hypothèse, il s'agit d'une matière purement administrative ; d'ailleurs, même dans les matières judiciaires, les particuliers, qui n'ont pas le droit d'agir par voie d'action, peuvent agir par voie de réquisition et de pétition, pour forcer un maire négligeant ou infidèle à intenter les actions que nécessitent les intérêts bien entendus de la commune. A plus forte raison, ce principe s'applique-t-il aux matières administratives.

A la vérité, un membre de la Chambre des députés (1) proposa d'insérer dans la loi que les chemins pourraient être déclarés vicinaux sur une *réclamation quelconque* ; et cet amendement ne fut point appuyé ; mais il ne serait pas raisonnable d'en conclure que l'intention de la Chambre ait été de pros-

____

(1) M. Lemoine Desmarres, séance du vendredi 2 juillet, voyez le Moniteur.

crire les réclamations des parties intéressées ; si l'amendement ne fut point
appuyé, ce fut sans doute parce qu'il
était présenté en termes trop vagues,
qu'il tendait à admettre même les personnes sans intérêt, et que le droit
commun et la raison pourvoyaient à
tout ce qu'exige la justice. La question
est d'ailleurs nettement décidée par
l'art. 3 de la 6.ᵉ section du titre 1.ᵉʳ
de la loi du 6 octobre 1791, portant :
*Sur la réclamation des communes ou
sur celle des particuliers, etc.*

8. Ce n'était pas assez de tracer les
formalités qui doivent précéder la reconnaissance des chemins vicinaux, il
fallait encore offrir des règles qui pus-
sent guider dans cette reconnaissance,
et éclairer les administrations sur le
fond du droit. Cependant la loi du 28
juillet est, à cet égard, d'un laconisme
qui peut sans doute avoir quelques avan-

tages, mais qui poussé à l'excès, comme il nous semble l'être, entraînera dans la pratique de graves difficultés que nous allons essayer de faire disparaître.

La loi du 6 octobre 1791, tit. 1.er, section 6, art. 2, portait : « Les chemins » reconnus par le directoire de district » pour être nécessaires à la communi- » cation des paroisses, sont rendus pra- » ticables et entretenus aux dépens » des communes sur le territoire des- » quelles ils sont établis; » et celle du 28 juillet, ne fait que répéter ces termes. S. E. le ministre de l'intérieur, dans l'exposé des motifs de la loi (1), s'exprimait ainsi : « Le premier article » du projet que nous vous présentons » ne fait que reproduire une disposition » de la loi du 6 octobre 1791, d'après

____

(1) Séance du 18 juin 1824, (voyez le Moniteur.)

» laquelle toute commune doit entre-
» tenir les chemins établis sur son ter-
» ritoire et *reconnus nécessaires à ses*
» *communications.*

» Nous avons eu plusieurs motifs,
» ajoutait-il, pour reproduire cette dis-
» position jusque dans ses propres ex-
» pressions; elle est restée fondamen-
» tale; elle a été sanctionnée par le
» temps, et en consacrant le principe
» de l'obligation des communes, elle la
» borne aux seuls chemins reconnus
» nécessaires. On n'a pas toujours ob-
» servé cette sage limite; les fonds com-
» munaux ont été souvent employés à
» des chemins qui n'étaient point d'une
» suffisante utilité pour la généralité des
» habitants, et il en est résulté ou des
» dépenses excessives, ou que des com-
» munications plus essentielles ont été
» négligées. Nous avons espéré qu'on
» préviendrait désormais cet abus, en

» proclamant de nouveau une règle
» dont on n'aurait pas dû s'écarter. »

Plus loin, le Ministre ajoutait : « Les
» chemins communaux sont une pro-
» priété des communes, etc. »

Il résulte manifestement de tout ce
que nous venons de transcrire, que cette
partie de la législation n'est point chan-
gée, et que les règles caractéristiques
des chemins vicinaux, celles qui s'appliquent à leur définition, sont absolument les mêmes aujourd'hui, qu'avant
la dernière loi. Celle-ci n'a voulu que
rappeler un principe général : c'est
qu'on doit considérer comme chemin
vicinal, celui qui a été reconnu pour
être nécessaire à la communication des
communes ; et son but a été de laisser
à l'administration la plus grande latitude, pour la fixation des chemins qui
ont ce caractère.

Dans notre traité des chemins de

toutes espèces, page 193, nous avons rapporté la définition que donne des chemins vicinaux le deuxième projet de code rural; nous pensons qu'elle rentre parfaitement dans le vœu de la nouvelle loi, et que si cette loi ne l'a point consacrée, c'est uniquement pour éviter le danger des définitions qui eussent lié l'administration : *Omnis definitio in jure periculosa.* L'administration pourra donc ranger au nombre des chemins vicinaux, ceux qui conduisent à un chef-lieu de commune, à un village, à un hameau, à un marché, église, édifice ou bien communal, soit fontaine publique, port, bac, rivière ou ruisseau; comme elle pourra ne les pas ranger dans cette classe. Sa détermination pour ou contre cette proposition dépend entièrement du plus ou moins d'utilité du chemin. S'il est nécessaire aux communications de la commune, à la généralité des habitants, c'est-à-dire, au plus grand nombre (car il ne s'agit point de l'universalité), l'administration doit le déclarer vicinal ; et s'il n'a point ce degré d'utilité, elle ne doit pas le déclarer tel. L'administration a donc un bien grand pouvoir. Il lui serait facile d'en abuser ; mais nous aimons à nous persuader que cette possibilité même sera un motif pour qu'elle se renferme dans les limites de la modération et de la plus grande réserve.

On pourrait faire contre les principes que nous venons de développer une objection que nous devons combattre ; on pourrait prétendre qu'on ne doit ranger au nombre des chemins vicinaux que ceux qui servent de communication aux communes entr'elles ; qui vont d'une commune à une autre et nullement à une autre section, village, hameau, lieu ou édifice public de la

même commune ; à la vérité, l'art. 1.
de la loi du 28 juillet, emploie les
termes généraux, *chemins nécessaires
à la communication des communes.*
Plusieurs députés (1) demandaient qu'on
ajoutât *des villages, des hameaux et des
sections de communes ;* cet amendement ne fut point appuyé ; mais la loi
ne limite pas les chemins vicinaux à
ceux qui vont d'une commune à l'autre.
La généralité de ses termes, comprend
également ces chemins et ceux qui ne
servent qu'à elle. C'est pour cela que
nous avons vu dans le discours de présentation de la loi que le ministre par-
lait des chemins appartenant à une
commune et *nécessaires à ses communications ;* d'ailleurs, tous les doutes
sont levés par l'instruction du mois d'oc-

(1) MM. Sirieys de Mayrinhac, Ricard et
autres, (séance du vendredi 2 juillet, voyez le
Moniteur.)

tobre, portant que la loi borne l'obligation des communes aux seules communications qui sont d'une utilité générale pour les habitants *d'une* ou plusieurs communes. Si donc les amendements que nous venons de rappeler ne furent pas appuyés, ce ne fut point dans la vue de les rejeter indéfiniment, mais dans l'unique but, comme nous l'avons déjà dit, de ne point consacrer un principe général qui eut lié l'administration à laquelle il est bien démontré que l'idée dominante de la loi a été de laisser la plus grande latitude.

9 Toutes les lois antérieures étant maintenues sur les points auxquels ne déroge pas la loi du 28 juillet 1824, il en résulte que l'article 6, de celle du 9 ventose an XIII, portant que la largeur des chemins vicinaux ne sera point portée au-delà de 6 mètres, mais sans pouvoir réduire celle qui actuellement

excèderait ce taux, est encore en vi.
gueur. Nous avons démontré dans notre Traité des Chemins, p. 248 et 249,
que l'administration peut, sur la demande des communes, fixer la largeur des chemins à dix-huit pieds ou
au-dessous, aux termes de la loi du
23 messidor an v (11 juillet 1795),
que, si la loi du 9 ventose an XIII,
prohibe la réduction à dix-huit pieds
des chemins excédant cette largeur,
c'est uniquement pour empêcher que
les riverains ne forcent la commune à
la réduction et ne s'emparent du terrain qui en serait l'objet ; mais que son
intention n'a point été de priver la commune de la commodité qu'elle pourrait
trouver à conserver un chemin dont la
largeur excèderait le *maximum* qu'elle
a fixé.

Ceci posé, supposons que sous l'empire de la législation antérieure à la loi

du 9 ventose, qui autorisait les communes à porter la largeur des chemins vicinaux jusqu'à ving-quatre pieds (1), il ait été décidé qu'un chemin de cette nature serait établi avec cette largeur de vingt-quatre pieds, mais, que pourtant le chemin n'en eut jamais eu que dix-huit, la commune pourrait-elle aujourd'hui, en invoquant l'article 6 de la loi du 9 ventose an XIII, porter la largeur au-delà de dix-huit pieds?

Il est un cas où bien certainement elle ne le pourrait pas. C'est celui où elle n'aurait point eu, avant la loi de l'an XIII, la propriété du terrain au moyen duquel elle voudrait élargir le chemin. Le droit de porter jusqu'à vingt-quatre pieds la largeur d'un chemin n'était pas plus alors qu'aujourd'hui une collation de propriété en faveur d'une commune, c'était seulement

____

(1) Voyez l'édition de février 1776.

le pouvoir de contraindre les riverains
à céder leurs héritages jusqu'à concurrence de la quantité qui en était nécessaire ; c'était, et rien de plus , la déclaration de l'utilité publique qui autorisait l'expropriation forcée. Mais si la
loi de l'an XIII a trouvé les choses en-
tières , si l'expropriation n'avait pas
encore eu lieu ; si, par conséquent , elle
a trouvé la commune saisie d'une simple faculté , d'une expectative , elle a
pu, comme elle l'a fait , sans avoir aucun
effet rétroactif , en abolissant la loi
précédente , anéantir la faculté ; elle l'a
pu avec d'autant plus de raison, qu'il
ne s'agit point ici, à proprement parler,
de droits privés , mais plutôt d'une matière d'administration , d'intérêt public,
que le législateur peut, par conséquent,
suivant les circonstances , régler et modifier à son gré.

Nous allons plus loin et nous pen-

sons qu'il faudrait décider de même
dans le cas où il serait établi que la
commune était propriétaire , mais
sans qu'elle eut fait un chemin ,
parce qu'alors le terrain ne peut être
considéré que comme une propriété
communale ordinaire ; et puisqu'il
avait ce caractère au moment où la loi
de l'an XIII fut promulguée , puisque
cette loi décide que la largeur de dix-
huit pieds est suffisante pour tous les
chemins , les habitants ont le droit de
demander que cette largeur soit maintenue , afin que le surplus demeure af-
fecté à l'usage commun dont il a toujours fait l'objet. La loi du 9 ventose
an XIII confirme cette opinion ; car en
interdisant de faire aucun changement
à la largeur des chemins qui excèdent
actuellement six mètres, et de porter
au-delà ceux qui ne l'ont pas, elle considère uniquement l'état présent des

choses, abstraction faite de ce qu'il devrait ou pourrait être.

La solution que nous venons de donner s'applique, à plus forte raison, au cas où il aurait été arrêté qu'un chemin vicinal serait établi sans que la largeur en eût été fixée, soit que cette mesure n'eût pas été mise à exécution, soit que le chemin n'eût pas la largeur légale. Car, au moment, où l'on voudrait invoquer la précédente loi qui, dans le cas proposé, formerait le seul titre de la commune, cette loi n'existerait plus et serait conséquemment sans effet.

10. Dans l'ancienne jurisprudence, les auteurs, à défaut de disposition précise, enseignaient que les chemins vicinaux étaient hors du commerce, et par conséquent imprescriptibles; tel était du moins le sentiment de Pothier et de Denizart. Dunod apportait une

modification à ce principe ; et pensait que ces chemins pouvaient se prescrire non par la possession ordinaire, mais par une possession immémoriale. L'opinion de ces auteurs repose sur la distinction qu'ils font entre les biens communaux qui produisent du revenu, et qui peuvent être aliénés avec de certaines formalités, et ceux qui sont publics comme destinés à l'usage des personnes de la ville ou de la communauté, tels sont les rues, les places, les marchés, les cours, les fontaines, les édifices publics ; ces derniers, disent-ils, sont hors du commerce. Nous avons dit, dans notre traité des chemins de toutes espèces, pag. 227 et suivantes, que cette opinion nous paraissait inconciliable avec les dispositions du code civil, et que des termes généraux dans lesquels il est conçu, il faut nécessairement induire que les chemins vicinaux sont comme les autres biens communaux sujets à la prescription.

L'art. 538 de ce Code, ne considère comme dépendances du domaine public, que les chemins, routes et rues à la charge de l'État; et l'article 541 range au nombre des biens communaux, ceux à la propriété ou au produit desquels les habitants d'une ou plusieurs communes ont un droit acquis. Or, les chemins vicinaux ne sont point à la charge de l'Etat; ils sont à la charge des communes et forment leur propriété. Aussi un arrêt de la Cour de Metz, du 28 thermidor an XIII, a-t-il nettement décidé que les chemins vicinaux font partie des biens communaux. Il faut bien d'ailleurs les ranger dans l'une des trois classes établies par la loi : le domaine privé, le domaine public, le domaine communal. Il est prouvé, par les termes de l'art. 538, qu'on ne peut les classer au rang des biens du domaine public : et quoiqu'ils appartiennent à la classe des biens communaux, il est indifférent pour la question que nous discutons qu'on les considère comme faisant partie de ces biens, ou de ceux du domaine privé.

Or, L'art. 2226 dispose qu'on ne peut prescrire le domaine des choses qui ne sont pas dans le commerce, et tout le monde sait que ces choses sont celles qui, d'après l'art. 538, forment des dépendances du domaine public ; d'un autre côté, l'art. 2227 porte que les communes sont soumises aux mêmes prescriptions que les particuliers et peuvent également les opposer. Aussi la Cour de cassation a-t-elle jugé, le 1.er août 1809, qu'un terrain peut servir à la tenue des foires et marchés d'une commune, sans cesser d'être prescriptible. À l'appui de ce

que nous venons de dire, nous citerons
un passage du discours de présentation
de la loi, prononcé par le ministre de
l'Intérieur à la chambre des Pairs.

« On a dit que les prestations qu'il
» autorise (à défaut de revenus com-
» munaux), et qu'il distribue en jour-
» nées de travail payables en argent ou
» en nature, au choix des contribua-
» bles, seraient contraires à la charte
» qui veut, que tous les Français con-
» tribuent *aux charges de l'Etat*, en
» proportion de leur fortune; qu'elles
» auraient encore l'inconvénient d'al-
» léger la dette des propriétaires et
» d'exagérer celles des autres classes
» de la population.

» Mais il ne s'agit, dans la proposi-
» tion de loi que de charges communales,
« qui diffèrent des charges de l'Etat,
» par la nature des choses qu'elles con

» cernent, par les principes qui les ré-
» gissent.

» *Les habitants des communes, seuls*
» *membres de la communauté, ont*
» *seuls part aux biens et aux fruits qui*
» *lui appartiennent, droit qui s'attache*
» *aux personnes et non aux posses-*
» *sions, qui se divise par familles, et*
» *dont sont exclus les forains, quoique*
» *tenant à la commune par leurs pro-*
» *priétés. Il serait difficile de ne pas pla-*
» *cer les chemins communaux sous l'em-*
» *pire de ce droit ; de ne pas reconnaître*
» *dans les dépenses qu'ils occasionnent*
» *une charge personnelle des habitants*
» *qui seuls en sont propriétaires comme*
» *constituant seuls la communauté.* »

Les principes que nous venons de développer, s'appliquent indistinctement au cas où le chemin a été porté sur le tableau des chemins vicinaux d'une commune et à celui où il n'y a pas été inscrit.

Nous avons cependant émis l'opinion, pag. 233, de notre Traité des chemins, que ces principes ne s'appliquaient pas au cas où les riverains, au lieu de posséder la totalité, ne jouiraient que d'une partie du chemin, prise sur la largeur qui se trouverait ainsi rétrécie et diminuée, et qu'ils ne pourraient acquérir la propriété de la portion de terrain qu'ils auraient possédée, quelque fut d'ailleurs l'ancienneté de leur possession et quelque positifs que fussent les actes qui la caractérisent.

Mais la discussion qui vient d'avoir lieu à la chambre des Députés, nous détermine à changer d'opinion et à appliquer aux limites, ce que nous avons dit des chemins eux-mêmes.

« On vous apporte, disait M. de Beau-

mont à la séance du 2 juillet, des pro-
jets de loi qui ne sont que la suite,
le complément ou des modifications de
ces lois auxquelles on ne cesse de nous
renvoyer. Ainsi dans celui qui nous
occupe, on nous renvoie, pour fixer la
largeur des chemins, aux lois, règlements et ordonnances qui ne sont point
abrogées, mais qui ne me paraissent
pas suffisantes. Ces lois, si je me les
rappelle bien, veulent que l'on recher-
che les empiètements faits sur les chemins, qu'on en exige la restitution, et
que là où l'on ne pourra pas prouver
qu'il y a eu usurpation, on ne puisse
donner au chemin la largeur qui lui est
nécessaire, qu'au moyen d'une indemnité convenable. Eh bien, Messieurs,
cette enquête ne produira rien, ou peu
de chose. Ces envahissements sont
pour la plupart très-anciens : ils ont eu
lieu successivement et par des progrès

insensibles et il sera presque impossible de déterminer le point où ils ont
commencé ; pour moi, je ferais un rai-
sonnement bien simple : les chemins
ont été faits pour pouvoir s'en servir ;
ils ont été faits pour que deux charettes voyageant en sens contraire, pus-
sent passer l'une à côté de l'autre ; donc
ceux des chemins qui sont aujourd'hui
tellement étroits qu'ils sont à peine via-
bles pour une seule charette, ont été
mis dans cet état par les envahissements
successifs des propriétaires riverains ;
et là où par le témoignage des anciens,
par la direction des vieilles souches
qui forment les haies ou par d'autres
moyens encore, on ne pourra pas parvenir à découvrir de quel côté vient
l'envahissement, j'obligerais les deux
propriétaires riverains à contribuer également à rendre au chemin sa largeur
primitive ; car, si les communes étaient

obligées d'acheter tout le terrain nécessaire pour donner à leurs chemins la
largeur convenable, jamais elle ne seraient assez riches. »

Voici comment M. le rapporteur de
la commission, dans son résumé, s'ex-
pliqua sur cette opinion : «Si des plaintes
se sont élevées sur l'arbitraire prétendu
de cette loi, un honorable orateur, au
contraire, désirerait que, sans indemnité, tous les anciens envahissements
fussent repris et les chemins rétablis
dans leur ancienne largeur; plusieurs
Conseils généraux ont exprimé le même
vœu. Peut-être serait-il utile; mais serait-il d'une facile exécution et surtout
serait-il légal? Le droit sacré de la propriété doit s'offrir toujours à nos re-
gards, et le principe de non-rétroactivité des lois est imprescriptible. Pre-
nons le mal forcément dans l'état où il
est, et améliorons l'avenir. Toutefois

pour les empiétements *récents* et *manifestes*, les lois combinées des 9 ventose an XII et 9 ventose an XIII, peuvent être utilement employées.»

Comme on vient de le voir, la question de prescriptibilité des limites des
chemins vicinaux est résolue par les
principes contenus dans les deux passages ci-dessus transcrits. M. de Beaumont admettait comme un principe
incontestable, que les empiètements
successifs des riverains qui pouvaient
être reconnus par le témoignage des
anciens, la direction des vieilles souches qui forment les haies, devaient être
restitués, quelqu'anciens que fussent
d'ailleurs ces empiètements, puisqu'il
ne faisait aucune distinction; en second
lieu, il voulait que si l'on ne pouvait
parvenir à découvrir l'empiètement,
chaque riverain fût également tenu,

sans indemnité, der endre au chemin la largeur légale qu'il doit avoir.

Mais M. le rapporteur répondit que cette mesure ne serait ni facile à exécuter, ni légale, qu'elle serait tout-à-la-fois attentatoire au droit de propriété et au principe de non-rétroactivité des lois. Or, la propriété des limites dans le cas d'envahissement ne peut reposer que sur la prescription. Le rapporteur ajoutait que l'opinion de M. de Beaumont ne pouvait s'appliquer qu'aux empiétements *récents* et *manifestes* : et, par conséquent, il en excluait les anciens. Hé bien, les empiétements récents, ne peuvent être que ceux qui ne sont pas encore consacrés par la prescription, et les anciens, doivent nécessairement s'entendre de ceux que ce mode d'acquérir la propriété a légitimés.

La prescription que Cicéron appelle *la patronne du genre humain* est établie pour suppléer à la perte présumée du titre. Il est donc permis de supposer que l'administration municipale a réduit le chemin à une largeur inférieure à celle déterminée par la loi, ce qu'il lui est loisible de faire ainsi que nous l'avons vu ci-dessus, et qu'elle a cédé l'excédant aux riverains. Quant aux termes de l'article 341 de l'ordonnance de Blois, que nous avons rapportés dans notre Traité des Chemins, pag. 234, on peut répondre qu'ils ne s'appliquent qu'aux grands chemins qui, soustraits du commerce, ont toujours été imprescriptibles. Nous ajouterons qu'alors même que cette ordonnance aurait été applicable, par la généralité de ses termes, aux chemins vicinaux, parce que dans l'ancienne jurisprudence ils étaient communément considérés comme propriété publique et hors du commerce, cette conséquence serait du

moins inadmissible, depuis l'émission
du code civil, qui, comme nous l'a-
vons démontré, ne met aucune différence entre les chemins vicinaux et les
autres biens communaux. Or, nous
avons déjà dit que les biens communaux sont susceptibles d'être acquis
par la prescription; et la disposition
de la loi est assez générale pour que
les empiètements partiels y soient compris comme ceux qui ont pour objet la
totalité du chemin. Nous croyons que
c'est une erreur de prétendre que les
limites sont imprescriptibles entre voisins, et qu'il faut en revenir à la maxime
si connue *tantum præscriptum quan-
tum possessum*. Tous les jours nous
voyons dans les campagnes des débats
s'élever au sujet de ce qu'on appelle
des ratraits, c'est-à-dire, des prises de
quelques pieds de terrain, effectuées par
un voisin au préjudice d'un autre; et

malgré l'existence de bornes qui établissent la limite respective, elles donnent lieu à l'action possessoire qui n'est
reçue que pour les choses prescrip-
tibles.

TEXTE DE LA LOI.

Art. II. *Lorsque les revenus des communes ne suffisent point aux dépenses ordinaires de ces chemins, il y est pourvu par des prestations en argent ou en nature, au choix des contribuables.*

OBSERVATIONS.

1. La prestation en argent ou en nature n'est qu'une ressource subsidiaire. Ce n'est que lorsque l'insuffisance des revenus communaux est bien constatée qu'on peut y avoir recours. Il n'y a rien de commun entre la prestation en nature et l'ancienne corvée qui n'atteignait autrefois que les habitants les

plus pauvres des campagnes et les as-
sujettissait à des travaux dont souvent
ils ne retiraient aucun avantage. Les
temps, les lieux de travail étaient au
gré du pouvoir qui décidait les corvées.
Tout est différent aujourd'hui, et ce
sera près de leurs champs, pour le
transport de leurs denrées, que des
prestations toujours limitées et repar-
ties sur toute la population, viendront
dans les saisons désignées par les contribuables eux-mêmes, rendre la viabi-
lité aux communications et leur valeur
aux diverses récoltes.

2. Les habitants ne pouvant être
contraints à réparer que les chemins
vicinaux, et les chemins ne pouvant
être considérés comme tels qu'en vertu
d'un arrêté du préfet pris dans les
formes déterminées, il est manifeste
que ceux qui n'ont pas fait l'objet d'un
pareil arrêté ne peuvent être entretenus

aux frais de la commune. L'article 2
du projet de loi contenait l'expression
leurs; mais la commission proposa d'y
substituer le terme *ces* pour que cette
mesure ne s'appliquât qu'aux chemins
dont il était question dans l'article
précédent. Un député s'opposa à l'a-
mendement. « Je crois, disait-il, que
» l'intention du rédacteur de la loi a
» été de donner aux maires la faculté
» de faire réparer des chemins qui
» n'auront pas été déclarés commu-
» naux, mais dont la réparation sera
» pourtant nécessaire. Il arrivera dans
» plusieurs communes que les trois
» quarts des habitants seront con-
» traints par le Maire de travailler à
» des chemins qui ne leur serviront à
» rien. Il est juste que ces habitants
» puissent avoir l'espérance de voir
» réparer d'autres chemins qui leur
» sont fort utiles, quoiqu'ils ne soient

» pas communaux. Cette espérance
« leur serait offerte par l'article tel qu'il
» est maintenant rédigé; vous ne devez
» pas, messieurs, la leur ôter. »

« L'intention de la commission a été
» évidemment de faire qu'il n'y eût de
» réparation possible que pour les che-
» mins qui seront classés. C'est une in-
» justice; je vote donc pour l'article du
» projet et contre l'amendement de la
» commission. »

M. le Ministre de l'Intérieur répliqua
en ces termes : « Je n'ai pas du tout in-
» terprêté l'article comme vient de le
» faire M. de Beaulieu; je l'ai entendu
» au contraire dans le même sens que
» la commission , et c'est pour cela
» que j'ai accédé au changement de ré-
» daction qu'elle a proposé. »

L'amendement de la commission fut
mis aux voix et adopté.

La solution que nous venons de donner sur la question proposée est encore confirmée par la circulaire du mois d'octobre, suivant laquelle l'obligation des communes d'entretenir leurs chemins se borne aux seules communications utiles à la généralité des habitants et ne s'étend point aux chemins qui ne serviraient qu'à un petit nombre d'individus, ni aux simples sentiers, ni aux servitudes acquises au public sur des propriétés particulières ; et qui veut qu'à l'égard des chemins publics qui ne seraient point mis à la charge des communes, les conseils et les préfets examinent et décident quels sont ceux qui doivent être rendus à l'agriculture en tout ou en partie, et quels sont ceux qu'il importe de conserver, soit qu'ils puissent se passer d'entretien, soit que les particuliers qui y ont intérêt se chargent de les entretenir

Remarquons d'ailleurs que la pres-

tation en nature ou en argent ne peut
avoir lieu que pour les dépenses *ordi-*
naires des chemins ; remarquons enfin
que les rues et places de l'intérieur des
villages ou bourgs sont considérées
comme chemins vicinaux , lorsqu'elles
ne sont point pavées et conséquemment qu'elles doivent être entretenues
au moyen de la prestation. Voyez mon
Traité des chemins, p. 255 et suivantes.

\~

TEXTE DE LA LOI.

Art. **III.** *Tout habitant chef de famille ou d'établissement à titre de propriétaire, de régisseur, de fermier ou de colon partiaire qui est porté sur l'un des rôles des contributions directes, peut être tenu, pour chaque année :*

1°. A une prestation qui ne peut excéder deux journées de travail ou leur valeur en argent, pour lui et pour chacun de ses fils vivant avec lui, ainsi que pour chacun de ses domestiques mâles, pourvu que les uns et les autres soient valides et âgés de vingt ans accomplis ;

2°. *A fournir deux journées, au plus, de chaque bête de trait ou de somme, de chaque cheval de selle ou d'attelage de luxe et de chaque charrette en sa possession, pour son service ou pour le service dont il est chargé.*

OBSERVATIONS.

1. Par le mot *habitant*, on n'entend pas seulement celui qui a son domicile réel, son principal établissement dans une commune, aux termes de l'article 102 du code civil; on n'entend pas non plus celui qui y paie la contribution mobiliaire, puisque la loi relative à cette contribution porte que lorsqu'on aura été imposé dans plusieurs endroits, l'imposition mobilière ne sera maintenue que dans le lieu où le loyer sera le plus fort. On a voulu désigner le pos-

sesseur de l'immeuble, celui qui en même temps est porté sur l'un des rôles des contributions directes. Si par *habitant* on entendait le domicilié aux termes de l'article 102 du code civil ou celui qui est porté au rôle de la contribution mobilière, beaucoup de personnes fort riches et possédant des domaines dans plusieurs communes se seraient affranchies des prestations, soit parce qu'elles auraient eu soin d'établir leur domicile à la ville et de n'avoir dans leurs fermes que des domestiques, soit parce qu'elles auraient aussi payé leur plus forte contribution mobilière à la ville.

Ainsi, si le propriétaire fait lui-même valoir son bien, il sera soumis à la prestation; s'il a un fermier, un régisseur, un colon partiaire, ils y seront assujettis à sa place, pourvu qu'ils soient portés sur l'un des rôles des contributions directes.

Les contributions directes sont au nombre de quatre, savoir :

1°. La contribution foncière établie d'abord par la loi du premier décembre 1790. Les dispositions de cette loi ont été refondues dans celle du 3 frimaire an 7 qui a consacré les principes généraux de cette contribution et qui en est aujourd'hui la base fondamentale.

2°. La contribution personnelle et mobilière établie par la loi du 3 nivose an 7.

3°. La contribution des portes et fenêtres établie par les lois des 4 frimaire et 18 ventôse an 7.

4°. La contribution des patentes établie par la loi du 17 mars 1791, supprimée à compter de 1793, rétablie pour l'an 5 par la loi du 6 fructidor an 4, et maintenue par celle du premier brumaire an 7, qui en règle la perception existante.

Les trois premières contributions sont des impôts de répartition, celle des patentes est un impôt de quotité.

Les trois contributions se divisent en principales et en cotes-additionnelles.

Les premières ont pour objet de couvrir les dépenses générales supportées par le trésor public.

Celles additionnelles sont destinées à couvrir les dépenses de département, d'arrondissement et de communes, et doivent en outre présenter un fond destiné à couvrir les non-valeurs. La quotité de ces centimes additionnels qui varient chaque année, est, ainsi que le principal, fixée par les chambres.

2. L'article 3 assujettit à la prestation tout habitant chef de famille ou d'établissement ; ainsi un célibataire sans famille peut être tenu à la prestation, si d'ailleurs il est chef d'établissement. Par ce dernier mot, il ne faut pas en-

tendre seulement une manufacture, une entreprise commerciale ou agricole, mais encore tout autre établissement. Ainsi un rentier qui n'aurait aucune occupation n'en serait pas moins *établi* dans la commune qu'il habiterait, et serait soumis à la prestation, quand même il n'aurait avec lui ni famille ni serviteurs.

3. Remarquons d'ailleurs que les termes de la loi sont facultatifs. Ainsi un habitant chef de famille ou d'établissement, un fermier, un régisseur, un colon partiaire, quoique portés au rôle des contributions directes, peuvent être dispensés de pourvoir à l'entretien des chemins, quelque faible ou quelqu'élevée que soit la cote de leurs contributions. On conçoit en effet qu'un particulier sans payer même six francs de contribution personnelle et mobilière puisse être fort aisé, soit en rentes, soit par le traitement qu'il reçoit à

raison des fonctions qu'il exerce, et qu'un autre qui paie des impositions assez fortes soit dans l'indigence, parce qu'il a beaucoup plus de dettes que de biens. Ce sera donc à l'administration à se décider d'après les circonstances et à soumettre les individus à la contribution des chemins, ou à les en affranchir.

4. Quelques dépenses qu'exige le mauvais état des chemins, les habitants ne peuvent être tenus, pour chaque année, à une prestation plus forte que celle consacrée par la loi. Elle ne pourrait être augmentée contre leur gré, lors même qu'elle serait insuffisante.

5. Le mineur âgé de moins de vingt ans qui serait chef de famille (ce qui arrivera rarement) ou d'établissement, ne pourra être tenu à la prestation personnelle : la loi est claire à cet égard, puisqu'après avoir désigné les différents individus qu'elle soumet à la pres-

tation, elle ajoute, en termes exprès et positifs, pourvu que les uns et les autres soient valides et âgés de *vingt ans accomplis*; mais il est manifeste qu'il y serait soumis pour chacun de ses domestiques.

6. La loi ne parle que des domestiques. Ainsi le chef d'établissement ne doit pas la prestation pour les ouvriers qu'il paie à la journée et qui sont généralement connus sous la dénomination de gens de travail, quel que soit le temps pendant lequel il les emploie.

La nécessité de faire porter la prestation sur tous les habitants à raison même de l'usage qu'ils font des chemins, a obligé de comprendre sous la désignation de domestiques des personnes qui ne le sont réellement pas. Tels sont les secrétaires, les précepteurs, les intendants qu'on n'aurait pas pu atteindre sans ce moyen.

L'interdit n'est point assujetti à la prestation ; on ne peut le considérer comme valide. Quel service en effet pourrait-on attendre d'un fou ? Il n'y est assujetti que pour ses enfants ou domestiques, et sa dette doit être acquittée par son tuteur.

La veuve, la fille y sont également assujetties pour leurs enfants et domestiques.

La loi en énumérant les différents titres auxquels un particulier peut être chef d'un établissement, n'y comprend pas l'usufruit ; mais le droit commun et une saine interprétation de la loi suppléent à ce silence. Car, d'une part, l'usufruit est une partie de la propriété et dès lors l'usufruitier est compris sous la dénomination de propriétaire ; d'une autre part, il est clair que l'usufruitier d'un bien, en a la possession ; il est porté au rôle des contributions que la loi l'oblige d'acquitter. (Art. 608.) Il est également tenu d'acquitter les charges annuelles de l'héritage, telles que les réparations d'entretien. Les dépenses ordinaires ayant lieu pour des travaux de cette nature, il doit y être tenu.

8. Il en est de même de celui qui a un droit d'habitation dans une maison ou de celui qui est usager, ne fut-ce que partiellement ; c'est ce qui nous semble résulter des articles 635 et 636 du code civil.

9. Il en est encore de même de l'emphytéote.

10. Remarquons que la prestation personnelle dont il est question dans le second § de l'article 3, est de deux jours au plus par chaque individu de quelque nombre que se composent la famille et les domestiques. Si donc le chef de famille a deux enfants et deux domestiques mâles, âgés et valides, il devra

deux journées pour lui, et huit pour eux.

Nous appelons cette prestation personnelle pour la distinguer de celle établie par le troisième § du même article. Toutefois nous faisons observer, que le maître, ses enfants et ses domestiques ne sont pas obligés d'exécuter eux-mêmes les travaux, *Nemo potest præcisè cogi ad actum*. L'obligation de faire se résout en dommages-intérêts. La loi fait elle-même l'application de cette maxime à la réparation des chemins, puisqu'elle autorise les redevables à opter pour la prestation en argent. Il ne serait pas convenable d'assujettir un propriétaire qui peut occuper une place éminente dans l'État à aller lui-même placer des pierres dans les ornières des chemins ou à en ramasser les boues ; et dans le cas où en optant pour la prestation en nature, il ne voudrait pas exécuter les travaux, il pourrait se faire remplacer, pourvu que les ouvriers qu'il préposera à l'exécution de ces travaux soient assez âgés et assez valides pour les bien faire. En cas de difficulté sur l'âge de ces ouvriers, il faut se régler par celui que fixe la loi, c'est-à-dire vingt ans accomplis. Mais il dépendra de l'autorité d'en admettre de moins âgés ; souvent on en trouvera qui à seize ans seront en état d'exécuter ces travaux.

11. Par fils vivant avec le père, la loi entend celui qui a la même habitation que celui-ci. Ainsi, si ce fils est un ouvrier journalier travaillant chez autrui, le père n'en sera pas moins assujetti à la prestation pour lui. Il suffit qu'il y vienne coucher.

12. La loi a bien déterminé l'âge auquel on commencerait à être soumis à la prestation ; mais elle n'a pas déterminé celui auquel cette obligation cesse-

rait. M. de Granoux proposa de fixer cet âge à soixante ans ; mais le rapporteur observa que le mot *valide* qui se trouve dans la loi répondait à cette observation, et M. le Ministre de l'Intérieur développant cette idée s'exprimait ainsi:

« Quant à l'amendement de M. Granoux
» qui propose de fixer à soixante ans
» l'âge où l'on cesserait d'être assujetti
» aux prestations, l'article y a pourvu
» suffisamment en disant qu'ils doivent
» être *valides*. L'administration n'exi-
» gera de travail que de celui qui sera
» capable d'en faire; il convient de lui
» laisser sur ce point une certaine lati-
» tude. Il est très-possible qu'un fermier
» âgé de soixante ans , bien portant ,
» capable de rester à la tête de son ex-
» ploitation , puisse fournir encore par
» lui-même *ou par un autre* , les deux
» journées de travail. »

L'amendement de M. de Granoux fut rejeté.

13. Le colon partiaire non porté sur les rôles des contributions ne doit point contribuer à l'entretien des chemins communaux. C'est ce qui résulte du texte de la loi et de la discussion à laquelle elle a donné lieu à la chambre des députés. Plusieurs membres de cette chambre affirmaient que dans leurs départements, les colons partiaires deviennent aussi riches que les propriétaires eux-mêmes, que souvent ils ne sont pas portés sur les rôles de la contribution personnelle et mobilière, parce qu'ils changent presque tous les ans de localité. La location se fait ordinairement par convention verbale. Après la récolte rien ne les retient dans la commune, ils peuvent passer dans une autre; ils présentent une telle mobilité, qu'ils ne restent guère qu'une année

dans une exploitation. Ils ne sont pas portés sur le rôle de la contribution personnelle et mobilière, parce que le percepteur ne saurait où les prendre et quoique portés sur aucun rôle, ils ne paient pas moins une partie de la contribution foncière, d'après leur convention avec le propriétaire.

Mais d'autres membres observèrent que le colon partiaire remplace le fermier, en ce sens qu'il partage avec le propriétaire la moitié des fruits; que si le colon partiaire n'était pas porté au rôle de la contribution mobilière, ce ne pouvait être qu'un misérable; que dans leurs départements tous les colons partiaires étaient portés au rôle de la contribution mobilière pour une somme de 10 à 20 fr. L'amendement tendant à soumettre à la prestation tous les colons partiaires, sans distinction, fut donc rejeté.

14. Les prestations établies par les deux derniers § de l'art. 3 doivent être cumulées. Ainsi, le même habitant est tenu à deux journées de travail, pour lui et pour chacun de ses fils ou domestiques, et en outre de fournir deux journées de chaque bête de trait, de somme, de chaque cheval de selle ou d'attelage de luxe et de chaque charette en sa possession.

Cependant le temps employé à conduire ou à faire conduire ses chevaux ou charettes, lui est compté pour journée d'homme. C'est ce qui résulte des explications données par M. le Ministre de l'Intérieur et par le rapporteur de la loi à la séance du samedi 3 juillet 1824; « Quant à l'autre partie » de l'amendement, disait le Ministre, qui porte que les habitants » seront tenus de fournir et de faire » conduire leurs bêtes, ils devront na-

» turellement les faire conduire au
» moyen des deux journées qu'ils doi-
» vent, soit pour eux, soit pour leurs
» domestiques ; mais si l'on prétend
» qu'ils doivent les faire conduire en sus
» de leurs journées de travail, ce serait
» une très-grande injustice commise
» envers des hommes qui souvent sont
» dans un état très-voisin de l'indigence,
» surtout dans les pays de petite cul-
» ture. Par ces motifs, et après y avoir
» beaucoup réfléchi, je m'oppose à l'a-
» mendement de la Commission. »

» Quant à ce qui regarde les mots
» *faire conduire*, disait le rapporteur,
» la Commission n'a pas entendu par là
» augmenter le nombre des journées de
» travail ; mais elle n'a pas trouvé que
» le mot *fournir*, contenu dans le pro-
» jet, fût assez clair ; c'est cette raison
» qui l'a engagée à substituer les mots
» *faire conduire* qui lui ont paru plus

» complètement français. Du reste, je
» suis autorisé par la Commission à dé-
» clarer qu'en conduisant leurs voitures
» et leurs bêtes au travail, les fermiers
» acquitteront la prestation qui leur est
» demandée dans le § précédent, et
» qu'on n'aura rien de plus à leur de-
» mander. »

15. Une exception était réclamée en
faveur des propriétaires de chevaux
destinés au halage des bateaux et des
paysans qui conduisent le charbon, le
minérai ou le bois dans les usines.—
» Dans les pays où coulent de grandes
» rivières, disait-on, et principalement
» dans ceux où coule le Rhône, il y a
» des hommes qui possèdent jusqu'à
» 150 chevaux de halage. La journée
» de chacun de ces chevaux représente
» 3 fr. Ce serait ruiner les entrepre-
» neurs que d'exiger qu'ils fournissent
» deux journées de chacun de leurs

» chevaux pour la réparation des che-
» mins; et cela serait d'autant plus in-
» juste que ces chevaux ne passent ja-
» mais dans les chemins communaux ;
» car tout leur travail se fait sur les
» chemins de halage. Les propriétaires
» de chevaux destinés au transport du
» minerai, du charbon et du bois dans
» les usines, ne gagnent presque rien et
» sont très-pauvres. » Mais les termes
facultatifs de la loi répondent à ces observations ; l'art. 3, en établissant que
l'habitant , etc... *peut être tenu*, donne
à l'autorité le pouvoir de répartir les
charges en proportion de la fortune
de ceux qui doivent les supporter. Son
intention a été seulement de poser une
limite qui ne pourra être dépassée; (et
cette réflexion est générale, elle s'applique à tous les cas) , mais elle a laissé
à l'autorité la faculté de les diminuer
suivant les différentes circonstances qui

varient à l'infini, et qu'elle seule peut
connaître et apprécier. C'est ce qui résulte de la réponse que fit à ces amendements le rapporteur de la commission; il s'exprimait ainsi : » Je crois que
» pour arriver à un bon résultat, il faut
» comparer les amendements qu'on
» propose avec le corps du projet. Vous
» vous occupez maintenant d'un amen-
» dement qui tendrait à faire une excep-
» tion en faveur de certains proprié-
» taires sur le sort desquels on a cher-
» ché à vous appitoyer. Je pourrais vous
» citer beaucoup de cas qui ne sont
» pas moins graciables que celui dont
» il s'agit. Il est des pays d'usine dont
» les habitans n'ont pour toute fortune
» que des chevaux ou des mulets, des-
» tinés à transporter le minerai ou le
» charbon. *Assurément si le poids de la*
» *contribution ne pouvait dans aucun*
» *cas être allégé, ces hommes seraient*

» *ruinés ; mais il n'en est pas ainsi :*
» *l'intention de la loi est, au contraire,*
» *qu'il y ait un dégrèvement quand la*
» *position particulière des propriétaires*
» *industriels, l'exigera.* Je crois qu'il
» faut nous en tenir à ce principe et
» nous abstenir de toute spécification,
» parce que nous n'arriverons jamais
» à spécifier tous les cas dans lesquels
» il sera nécessaire de faire un dégrè-
» vement. Je demande en conséquence
» le rejet de l'amendement. »

L'amendement fut en effet rejeté.

16. Le projet du gouvernement ne comprenait que les bêtes de trait ou de somme. Un Député demanda qu'on y ajoutât les chevaux de selle ou d'attelage de luxe. On observa qu'un cheval de selle ne pourrait servir à rien pour les travaux ; mais on répliqua qu'il ne s'agissait pas de faire travailler aux chemins tel cheval ou tel autre ; qu'il s'a-

gissait de fournir de quoi faire des chemins; que les personnes qui avaient des
chevaux de selle ou de luxe, pourraient
fournir d'autres chevaux pour faire l'ouvrage. Cet amendement fut en effet
adopté. Et il résulte de ce que nous
venons de dire que la substitution autorisée pour les chevaux, est également
admise pour les autres bêtes de trait ou
de somme, et pour les charrettes. Quant
aux voitures de luxe, telles que berlines,
calèches, cabriolets, elles ne pourront
être atteintes; mais toutes les charrettes le seront sous quelque dénomination qu'elles soient désignées, suivant
les différentes localités.

17. La loi ne dit pas ce qu'on doit
entendre par bêtes de trait ou de somme;
c'est à l'administration à en décider
suivant les usages des pays; elle pourra
y comprendre les mulets, même les
bœufs, les vaches et les ânes, dans les

contrées où l'on emploie ces animaux comme bêtes de trait ou de somme.

18. Les étalons, les poulinières et les poulins, non attelés, sont-ils soumis à la prestation ? « C'est un doute qui » peut s'élever, disait M. le duc de Va-» lentinois, à la séance de la chambre » des Pairs du 22 Juillet, et qu'il serait » utile de dissiper; dans les pays où l'on » élève des chevaux, ce serait pour le » cultivateur qui se livre à cette utile » industrie, une surcharge énorme qui » le découragerait et diminuerait la pro-» duction des chevaux déjà trop res-» treinte eu égard aux besoins de la » France. Telle n'est pas sans doute, » ajoutait-il, l'intention de la loi, mais » une explication formelle du ministre » semble nécessaire pour dissiper toute » incertitude; et je crois disait-il enfin, » pouvoir la solliciter avec con-» fiance. »

Le Ministre de l'Intérieur déclara que le sens de la loi était de ne soumettre à la prestation que les chevaux de travail, et non les élèves ou ceux qui sont destinés à la reproduction. Le texte du projet semblait l'indiquer assez clairement, puisqu'il ne parle que des chevaux de trait, de somme, de selle ou d'attelage de luxe, ce qui évidemment ne peut comprendre les élèves ou les étalons et poulinières; mais il suffit qu'un doute se soit manifesté pour qu'il se fasse un devoir de l'éclaircir dans les instructions qui seront publiées pour l'exécution de la loi.

L'auteur de l'observation déclara qu'il était satisfait de l'explication donnée par le Ministre.

Il est manifeste, en effet, que les termes de la loi n'embrassent point ce cas; et que les bêtes de trait ou de somme ne sont pas soumises à la prestation, si le possesseur ne les tient que pour en faire un commerce ou pour la consommation ou pour la reproduction ; si par leur âge, elles ne sont pas encore livrées à un service, ou si, par cette cause ou toute autre, elles ont cessé d'y être livrées. Mais si le possesseur en retirait en même temps un service de la nature de ceux que la loi a eus en vue, il y aurait lieu à la prestation dans la proportion déterminée par l'administration.

19. Le fermier qui a acquitté la prestation requise pour la réparation des chemins, peut-il s'en faire rembourser par son propriétaire ?

M. Syrieys de Mayrinhac avait proposé une disposition additionnelle ainsi conçue : « Les propriétaires tiendront compte aux fermiers de la moitié de la valeur des prestations en nature et du quart aux colons partiaires, à moins de conventions contraires faites entre eux. »

Voici comment ce député développait sa proposition : « vous concevez, Messieurs, les motifs de ma proposition; il serait injuste qu'un fermier qui touche à la fin de son bail et qui est appelé à contribuer à la réparation des chemins, fît ce travail dont il ne doit retirer presqu'aucune utilité, et que le propriétaire qui doit en recueillir tout le fruit, ne lui en tînt pas compte. Pour les colons partiaires, la position est différente, car ils travailleront avec les bestiaux du propriétaire. C'est pourquoi je demande que pour eux, il ne soit tenu compte que du quart de la valeur de leur travail. »

Mais on pouvait faire observer que la proposition était générale et que les développements ne comprenaient que le fermier qui était à fin de bail; que même pour celui-ci l'exception réclamée ne serait pas juste, puisque ce

n'était que la réparation des dégradations qu'il a faites aux chemins en s'en
servant, qu'on exigeait de lui. Aussi la
demande ne fut-elle pas même appuyée.

TEXTE DE LA LOI.

Art. IV. *En cas d'insuffisance des moyens ci-dessus, il pourra être perçu sur tout contribuable jusqu'à cinq centimes additionnels au principal de ses contributions directes.*

OBSERVATIONS.

1. L'addition des 5 centimes, est un moyen subsidiaire qui ne doit être employé qu'autant que les revenus des communes et le *maximum* de la prestation en nature ou en argent sont épuisés et insuffisants. Nous disons le *maximum* de la prestation ; car lorsque l'Art. 3 porte que l'on imposera au plus deux journées

d'homme, de bêtes de trait, de somme, etc. ou de charrette, elle suppose que la totalité peut n'en être pas nécessaire. Mais si elle l'était, on ne pourrait en laisser une partie quelconque pour recourir aux centimes. Autrement, les propriétaires seraient grévés au-delà de toute proportion. L'intention de la loi a dû être et a été, en effet, de répartir les charges à raison de l'usage que chacun fait des chemins et de la détérioration qu'il y cause. Elle a voulu d'abord atteindre l'habitant et ensuite le propriétaire. L'égalité et l'équilibre seraient rompus, si la proportion qu'elle a établie, n'était pas rigoureusement observée.

2. L'addition des cinq centimes a lieu par franc du principal seulement des contributions directes. C'est un *maximum* qu'il n'est pas permis d'excéder et qu'on ne doit atteindre qu'autant qu'il

y a nécessité. Cette addition de cinq centimes ne peut être imposée qu'une fois par année.

3. Nous avons dit dans nos observations sur l'art. 3., qu'il résultait des termes facultatifs de la loi, qu'un habitant, quoique porté au rôle des contributions directes, pouvait être dispensé de la prestation, parce qu'il était possible qu'il fût dans l'indigence. Cette solution s'applique-telle aux cinq centimes additionnels? Nous penchons pour l'affirmative. M. le rapporteur a dit dans son résumé *qu'il faut atteindre graduellement* l'individu susceptible des charges, et épargner *l'indigent* et *l'infortuné.* L'art. 4 est, comme le précédent, conçu en termes facultatifs ; et loin qu'il y ait aucune raison pour penser qu'ils n'embrassent pas notre hypothèse, il nous semble qu'il y en a beaucoup, au contraire, pour décider

qu'ils la comprennent. Si l'indigence de l'habitant est la cause qui le dispense de la prestation , elle doit aussi l'affranchir, des cinq centimes ; car il n'est pas plus en état de satisfaire à l'une qu'à l'autre de ces contributions. S'il en était autrement, il arriverait qu'après avoir été dispensé de la prestation, il serait, sous une autre dénomination , assujetti à la même charge; car ce sera presque toujours à raison de la dispense accordée à divers habitants, qu'il y aura insuffisance dans les prestations, et nécessité de recourir à l'addition des cinq centimes.

4. On ne pourrait pour un ouvrage d'art, recourir à la voix indiquée dans l'art. 4, de préférence à celle de la prestation en nature. Un député proposait de substituer les mots : *indépendamment des moyens ci-dessus*, à ceux : *en cas d'insuffisance des moyens ci-*

dessus que contenait le projet de loi.
« Cette substitution, disait-il, per-
» mettrait d'avoir recours aux presta-
» tions en argent pour payer des ou-
» vriers spéciaux dans le cas où les ou-
» vrages ne pourraient être bien faits
» au moyen des prestations en nature. »
« S'il n'y avait à faire aux chemins que
» des ouvrages ordinaires, disait un
» autre député, on pourrait suivre
» l'échelle établie dans le projet de loi,
» et avoir recours d'abord aux presta-
» tions en nature ; mais dans le cas où
» des ouvrages d'art deviennent néces-
» saires, il faut bien employer des ou-
» vriers spéciaux, et pour les payer,
» recourir à une contribution. Il est tel
» ouvrage de terrassement qui ne peut
» être bien fait que par des hommes
» exercés. Souvent on est arrêté par
» un pont qui manque, par un arceau
« à faire ; il faut donc des fonds pour

» cela. Si vous établissez une gradation
» telle que vous ne puissiez en sortir,
» lorsque les circonstances l'exigeront,
» vous manquerez le but que vous vou-
» lez atteindre. Tantôt les prestations
» en nature pourront suffire, tantôt on
» n'aura besoin que de prestations en
» argent : il faut donc laisser aux com-
» munes la faculté de choisir entre ces
» divers moyens.»

M. le Ministre de l'Intérieur répondit en ces termes : « Les mots *en*
» *cas d'insuffisance*, se trouvent dans
» la rédaction du projet de loi et dans
» celle de la commission que j'adopte
» volontiers. Il ne faut pas perdre de
» vue le système dans lequel le projet
» de loi est conçu. L'entretien des che-
» mins vicinaux se fait par les commu-
» nes, si elles ont des revenus suffi-
» sans ; quand elles n'ont pas de reve-
» nus suffisans, après avoir épuisé les

» revenus ordinaires, on passe aux pres-
» tations en nature, et en cas d'insuf-
» fisance, on fait un appel à la pro-
» priété par l'addition des cinq centi-
» times. Enfin on impose des centimes
» extraordinaires : ces moyens ne doi-
» vent pas concourir ensemble, mais
» venir successivement dans l'ordre
» que je viens d'indiquer. Si vous in-
» intervertissiez cet ordre, vous déran-
» geriez toute l'économie de la loi.
» Nous avons cherché à tenir une ba-
» lance égale entre les intérêts des ha-
» bitans et ceux des propriétaires
» absens. Si vous laissiez aux conseils
» municipaux qui représentent les ha-
» bitants, la faculté d'établir les cinq
» centimes au lieu des prestations en
» nature, il est évident qu'ils préfère-
» raient les prestations en argent, puis-
» qu'ils sont intéressés à ne pas fournir
» de prestations en nature qui retom-

» bent sur les habitans. Il est donc né-
» cessaire de conserver les mots : *En*
» *cas d'insuffisance.* »

L'amendement proposé fut rejeté.

TEXTE DE LA LOI.

ART. V. *Les prestations et les cinq centimes mentionnés dans l'article précédent seront votés par les conseils municipaux qui fixeront également le taux de la conversion des prestations en nature. Les préfets en autoriseront l'imposition. Le recouvrement en sera poursuivi comme pour les contributions directes ; les dégrèvements prononcés sans frais ; les comptes rendus comme pour les autres dépenses communales.*

Dans le cas prévu par l'article 4, les conseils municipaux devront être assistés des plus imposés en nombre égal à celui de leurs membres.

OBSERVATIONS.

1. Quelques personnes ont cru remarquer un vice de rédaction dans le commencement de cet article. Il semble, ont-elles dit, que d'après les termes dans lesquels il est conçu, les prestations et les cinq centimes sont également mentionnés dans l'article 4, tandis qu'il n'y est question que des cinq centimes ; ce léger vice pourrait, suivant elles, prêter des armes à la chicane et lui donner le prétexte de soutenir que le vote des Conseils municipaux n'est exigé que lorsqu'il s'agit des cinq centimes et nullement des prestations en nature ou en argent. Il eut mieux valu rédiger ainsi cet article : Les prestations et les cinq centimes établis par les articles précédents, etc.... Cependant la loi est assez claire pour qu'il

nous soit permis de considérer comme certain que sa disposition s'applique eux prestations comme aux cinq centimes, puisque les Conseils municipaux sont chargés de fixer le taux de la conversion de la prestation en nature et que le législateur a eu soin d'exprimer que dans le cas de vote des cinq centimes, les Conseils municipaux seront assistés des plus imposés, distinction qui eut été inutile si ces Conseils n'avaient pas voté la prestation en nature.

2. Quelqu'urgentes que fussent des réparations à faire aux chemins vicinaux, un Maire, un Préfet ne pourraient donc, de leur autorité privée, établir des prestations en nature ou en argent, ni à plus forte raison des centimes additionnels. Il ne leur appartiendrait ni de décider, qu'elles sont nécessaires, ni de fixer leur quotité, le taux de la conversion, ou le temps des travaux. Tous ces

différents points ne peuvent être réglés que par le Conseil municipal avec le concours, mais pour le seul cas des centimes additionnels, des plus imposés de la commune.

La loi, en gardant le silence sur le temps où les travaux pourraient être requis, a laissé aux Conseils municipaux la plus grande latitude pour sa fixation. Le projet du gouvernement portait que les prestations qui devraient être payées en nature, ne seraient requises que hors du temps des semailles et des récoltes; mais la commission demanda le retranchement de cette disposition. « L'inter-
» diction des travaux à telle ou telle épo-
» que de l'année, disait le rapporteur,
» offrirait de graves inconvénients et
» pourrait, selon les localités, entraver
» toute l'année les réparations à faire.
» La commission a jugé qu'il était plus
» sage de laisser toute latitude aux ha-

» bitudes des différents pays , que de
» s'exposer à créer des résistances mo-
» tivées sur le texte de la loi. Les Maires
» et les Conseils municipaux sauront
» bien, dans leur intérêt, indiquer des
» moments opportuns de travail ; et
» quoique presque partout l'année agri-
» cole présente, dans sa durée , des
» mouvements perpétuels de semence
» ou de semailles, cependant il est des
» époques variées, selon les productions
» et les climats des différentes pro-
» vinces, pendant lesquelles on pourra
» dans les campagnes, employer à la
» réparation des communications vici-
» nales les moyens que ne réclame pas
» l'agriculture ; nous le répétons, une
» théorie absolue nous a paru dange-
» reuse, et nous ne pensons pas que ce
» soit pendant l'hiver, époque cepen-
» dant appelée *morte saison* , qu'on
» puisse s'occuper de réparer la viabi-

» lité communale : il n'est personne
» qui ne sache que les travaux de répa-
» ration des routes et des chemins ne
» peuvent s'entreprendre dans la saison
» des pluies. »

A ce sujet, M. le Ministre de l'Intérieur s'exprimait ainsi : « Nous avions
» dit dans le projet de loi que l'on ne
» pourrait requérir les prestations en
» nature pendant le temps des semailles
» et des récoltes. La commission a de-
» mandé le rejet de cette disposition
» bienfaisante, en faisant observer que
» quelquefois le temps des semailles et
» des récoltes est précisément celui où
» il est le plus urgent de faire des répa-
» rations aux chemins dans l'intérêt
» même des travaux agricoles; je me
» suis rendu à cette considération ,
» plein de confiance dans la sagesse de
» MM. les Maires qui ne feront des ré-
« quisitions pendant le temps des se-

» mailles ou des récoltes, que lorsque
» les travaux seront absolument indis-
» pensables. »

3. Mais si les Préfets ne peuvent, imposer, de leur seule autorité, les prestations ni les cinq centimes, ils sont du
moins chargés d'autoriser l'imposition
de ceux qui ont été votés par les Conseils
municipaux et qui ne peuvent être exi-
gés avant l'accomplissement de cette
importante formalité. L'intention de la
loi a été de donner aux habitants et aux
propriétaires une garantie de plus contre
les erreurs ou les injustices des Conseils
municipaux ; mais pour que cette garantie soit réelle, il faut, ce nous semble ,
que les particuliers aient le droit d'a-
dresser leurs observations au Préfet, et
que ce magistrat ait le pouvoir d'y statuer , en réformant ce qui serait contraire aux règles. Nous n'hésitons pas à
penser que ce double droit est en har-

monie avec le texte et l'esprit de la loi, et qu'il ne peut être raisonnablement contesté.

4. Quoique la loi dise que les prestations ne pourront excéder, *par chaque année*, le taux qu'elle a fixé, il n'en résulte point que les Conseils municipaux ne puissent ou ne doivent s'occuper des réparations des chemins vicinaux qu'une fois par an, ni qu'ils doivent s'en occuper tous les ans. L'unique but du législateur a été de poser la limite de l'obligation de l'habitant ; mais le mode d'acquittement est un objet d'administration qui est dans les attributions de l'autorité locale. C'est à elle qu'il appartient de déterminer si l'obligation doit être remplie en une ou plusieurs fois, et dans quelle proportion. Elle ne doit avoir d'autre règle de conduite que la nécessité publique ; elle doit ordonner les réparations, toutes les

fois que cette nécessité est démontrée ,
après avoir néanmoins obtenu du Préfet l'autorisation sans laquelle il est généralement interdit aux Conseils municipaux de s'assembler. Cette observation s'applique également à la faculté d'imposer les cinq centimes.

5. Le recouvrement des prestations et des cinq centimes est poursuivi comme pour les contributions directes. Ce sont les termes mêmes de la loi. Mais doit-on restreindre sa disposition à la forme des poursuites ou l'étendre au fond du droit? Ainsi l'article 2098 du Code civil et la loi du 21 novembre 1808 établissent en faveur du trésor public un privilège *pour le recouvrement des contributions directes* , et en déterminent l'exercice. Ce privilège est-il également attaché au recouvrement des prestations et des cinq centimes ? Nous inclinons vers l'affirmative. La similitude des

termes de la loi du 21 novembre avec ceux de la loi du 28 juillet 1824, nous paraît être une première raison en faveur de cette opinion. La première déclare précisément que le privilège est établi *pour le recouvrement des contributions*, et déjà la nature des choses le faisait assez sentir. Celle du 28 juillet veut que le *recouvrement soit poursuivi comme pour ces contributions*. Si le privilège n'était pas attaché à la prestation et aux cinq centimes, le recouvrement n'en aurait plus lieu comme pour les contributions, et souvent même il ne s'effectuerait pas. D'ailleurs la loi du 21 novembre établit des formalités particulières pour *l'exercice du privilège*; et il n'est pas douteux que ces formalités au moins sont déclarées communes à ces deux genres de dette publique.

La seconde raison dont nous croyons pouvoir étayer notre opinion, est qu'il s'agit de dépenses ordonnées pour des travaux publics ; que les centimes additionnels qui sont imposés pour subvenir à des travaux de cette nature sont toujours recouvrés avec privilège, et qu'on ne voit pas de motif pour admettre une exception, lorsqu'il s'agit de réparer les chemins vicinaux.

Toutefois, cette même loi du 21 novembre nécessite une explication ; suivant l'art. I.er, le privilège du trésor s'exerce *avant tout autre*, 1.° pour la contribution foncière de l'année échue et de l'année courante, sur les récoltes, fruits, loyers et revenus des biens immeubles sujets à la contribution ; 2°. pour l'année échue et l'année courante des contributions mobilières, des portes et fenêtres, des patentes et toute autre contribution directe et personnelle; sur tous les meubles et autres effets mobiliers appartenant aux redevables, en quelque lieu qu'ils soient.

Les termes de la loi sont si impératifs, qu'en cas de concours du privilège du trésor pour contributions avec celui attaché aux prestations, le premier devra primer le second, et qu'il n'y aura pas lieu à l'application de l'art. 2097 du Code civil, suivant lequel les créances privilégiées qui sont dans le même rang, sont payées par concurrence.

6. Nous ne nous occuperons pas de reproduire ici les différentes formes établies pour les poursuites en matière de contributions, parce que ce serait un travail long et inutile. Nous nous bornerons à rappeler que la plupart de ces formalités sont détaillées dans les lois des 3 frimaire an 7, 16 thermidor an 8, ainsi que dans l'arrêté du 24 floréal de la même année, et que dans chaque département il existe des arrêtés pris par

les Préfets pour en assurer l'exécution, pour suppléer à leur silence, ou pour régler ce qui étant sujet à varier suivant les différentes localités, devait être et a été en effet abandonné à la sagesse de l'administration.

7. Il est évident que les poursuites entraîneront toujours des frais quelconques, car il est indispensable qu'on indemnise les fonctionnaires employés au recouvrement des dépenses que nénécessitent les réparations des chemins. Toute plainte à cet égard serait d'autant plus mal fondée que ceux qui se la permetraient ne pourraient imputer ces frais qu'à eux-mêmes, puisque s'ils avaient mis de l'exactitude à remplir leurs obligations ils n'eussent pas été poursuivis.

Cependant la loi a du s'appliquer à rendre la procédure économique, et pour atteindre ce but, elle ne pouvait rien faire de mieux que d'adopter celle prescrite pour les contributions directes, ce qui d'ailleurs était d'autant plus raisonnable que les sommes à recouvrer seront toujours modiques.

8. Mais la raison contraire a fait décider que les dégrèvements seraient prononcés *sans frais*. N'eut-il pas été injuste d'assujettir à des dépenses considérables l'instruction d'une réclamation qui a pour but d'obtenir le dégrèvement d'une contribution modique et à laquelle il est possible qu'on n'eut pas dû être assujetti? Une disposition différente eut évidemment rendu toute réclamation impossible. Il faut au surplus bien s'entendre sur le sens des termes *sans frais* employés dans la loi : il semblerait, au premier aperçu, que la décision seule n'entraînerait aucuns frais, c'est-à-dire qu'elle sera dispensée du timbre et de l'enregistrement; qu'il en

sera différemment pour la réclamation
et les actes de l'instruction, s'il devenait
nécessaire d'en faire ; mais interpréter
ainsi la loi, ce serait fausser l'intention
du législateur qui a été d'éviter pour
ces instances administratives toute espèce de frais, et les mots *prononcés
sans frais* sont assez généraux pour
comprendre les actes qui préparent la
décision comme la décision elle-même.

9 La loi ne dit pas à quelle autorité
il appartiendra de prononcer le dégrèvement ; mais l'assimilation qu'elle fait
des prestations et des cinq centimes
additionnels aux contributions directes
ne permet pas de douter qu'il faille suivre
la marche tracée pour ces dernières
contributions. Or, suivant l'art. 4, titre
2 de la loi du 28 pluviose an VIII, c'est
aux Conseils de préfecture qu'il appartient de prononcer sur les demandes
des particuliers tendant à obtenir la

décharge ou la réduction de leur cote de contributions directes, et suivant un arrêté du gouvernement du 24 floréal an VIII, cette attribution est confirmée aux conseils de préfecture.

C'est donc à ces conseils qu'il faudra soumettre la demande en dégrèvement. Cette décision peut, au premier aperçu, paraître en contradiction avec ce que nous avons dit précédemment sur la faculté qu'ont les Préfets de réformer les délibérations des Conseils municipaux relatives à la répartition des prestations nécessaires aux réparations ; mais avec un peu de réflexion on se convaincra facilement que cette antinomie n'est qu'apparente. En général la répartition des impôts, même des centimes additionnels, émane des Conseils généraux. Mais la loi a cru devoir, pour les prestations et les cinq centimes nécessaires à l'entretien des chemins, conférer la répartition et l'imposition au Préfet. Si le Préfet, par les informations qu'il prend ou les réclamations qu'il reçoit, est convaincu que tel ou tel ne doit pas figurer sur le rôle de répartition, il peut l'en retirer; mais il est possible que le particulier ait été porté sur les rôles à son insu, et que par conséquent il n'ait pu réclamer avant la publication, ou qu'il ait réclamé, mais sans avoir rien pu obtenir; dans ces divers cas, il devra porter sa réclamation au Conseil depréfecture, en exécution des lois cidessus citées; et s'il croit avoir à se plaindre de la décision de ce tribunal administratif, il se pourvoira au comité contentieux du Conseil d'État par le ministère d'un avocat près ce Conseil.

Nous venons de dire que les formes consacrées pour le dégrèvement des contributions directes s'appliquent au dégrèvement des prestations ; cependant on doit se garder d'entendre cette règle dans un sens trop étendu, et il faut nécessairement y apporter cette modification, *en tant que les formalités pourront être applicables à la prestation.* C'est ce qui résulte de la discussion de la loi à la chambre des députés.

« Le premier § de l'art., disait M. de
» Boscal de Réals, porte que le recou-
» vrement des prestations et des cinq
» centimes sera poursuivi, et les dégrè-
» vements prononcés comme pour les
» contributions directes. Il me semble
» que cette disposition ne peut être
» rigoureusement exécutée. Tout le
» monde sait que pour obtenir un dé-
» grèvement sur les contributions di-
» rectes, il faut présenter une pétition
» au Sous-Préfet, et que cette pétition
» doit être sur papier timbré. Or, il est
» évident que plutôt que de faire de pa-

» reils frais, l'habitant ne réclamera
» pas. Mais il y a une autre difficulté,
» c'est que, d'après la loi, cette pétition
» doit être accompagnée de quittances
» de douzième. Cela ne pourra pas être
» exécuté, car il ne sera pas donné de
» quittance pour les prestations. Autre
» difficulté plus grande encore. Les ré-
» clamations des habitants des com-
» munes seront toutes envoyées à la
» préfecture du département; elles se-
» ront nécessairement nombreuses, car
» dans toutes les communes, il y a
» beaucoup de pauvres; les préfectures
» seront ainsi encombrées. Il me sem-
» ble qu'il serait beaucoup plus simple
» de dire que le Maire ou le Conseil
» municipal, ou simplement les répar-
» titeurs, si l'on aime mieux, seront
» autorisés à ne pas porter sur les rôles
» ceux qui paraîtraient être dans le cas
» d'une exception. On atteindrait le

» but que je me propose, en disant :
» Le recouvrement en sera poursuivi et
» les dégrèvements prononcés pour les
» contributions autres que celles des
» deux journées de travail. »

Le Ministre de l'Intérieur a répondu
« qu'à force de se jeter dans tous les dé-
» tails, on arriverait à rendre la loi im-
» praticable ; car, dans une loi de ce
» genre, le principe législatif une fois
» posé, il faut laisser une juste latitude
» aux règlements administratifs. M.
» Boscal croit que les demandes de
» dégrèvement occasionneront un en-
» combrement dans les préfectures ;
» mais les articles précédents suffisent
» pour parer à cet inconvénient. En
» effet, les Maires auront la faculté de
» n'imposer que ceux qui sont réelle-
» ment imposables. Ils ne sont pas
» obligés d'appeler à la prestation tous

» les contribuables ; la loi dit seulement
» qu'ils pourront les y appeler.

« Quant à la disposition relative au
» dégrèvement, ajoutait le ministre ,
» si vous la retranchiez pour les pres-
» tations en nature , ce serait une
» protection que vous enlèveriez aux
» habitants. On nous dit que des quit-
» tances de douzièmes doivent être
» jointes aux demandes de dégrève-
» ment. Il est bien entendu que le dé-
» grèvement sera fait comme pour les
» autres contributions, en tant que les
» formalités seront applicables ; ainsi il
» ne sera pas besoin d'avoir l'opinion des
» receveurs des contributions ; et l'on
» peut avoir l'esprit en repos à cet
» égard. Mais l'amendement de M. Bos-
» cal tendrait en définitif non pas à
» donner aux habitants une protection
» de plus, mais à leur ôter une ressource
» dans le cas très-rare , sans doute

» mais qui peut cependant arriver, où
» le Maire aurait commis une erreur ou
» une injustice. »

10. Nous l'avons déjà dit, ce n'est
que dans le cas prévu par l'art. 4, c'est-
à-dire lorsqu'en cas d'insuffisance des
revenus communaux ordinaires et des
prestations, il devient nécessaire de recourir aux cinq centimes additionnels,
que cet impôt ne peut être établi que par
le vote du Conseil municipal et des propriétaires les plus imposés *en nombre
égal à celui des membres qui le composent.* Nous appuyons sur ces derniers
termes, parce qu'il est possible que
tous les membres ne se rendent pas à
la séance, ou que par mort, démission
ou révocation le nombre légal ne soit
pas complet. Dans ces différents cas, il
faut que l'adjonction des plus imposés
soit égale au nombre d'officiers municipaux présents et délibérants. Le but

de la loi a été que les habitants et les propriétaires fussent également représentés ; et comme le vote des cinq centimes dépend de la pluralité des voix , il est manifeste que ces derniers auraient tout l'avantage , s'ils pouvaient prendre part aux délibérations, en nombre égal aux membres dont le Conseil municipal devrait être composé d'après la loi , au lieu de n'y assister qu'en nombre égal à ceux présents à l'assemblée.

11. La loi n'a pas prévu le cas d'absence d'un ou de plusieurs des propriétaires les plus imposés : elle ne décide pas, par conséquent, la question de savoir s'ils peuvent se faire représenter par un fondé de pouvoir, ni comment ils seront remplacés. L'art. 40 de la loi de finances du 15 mai 1818 portait que, lorsque les plus forts contribuables seraient absents, ils seraient remplacés en nombre égal , par les plus forts

contribuables portés après eux sur les rôles.

La commission nommée pour l'examen de la loi sur les chemins vicinaux demandait qu'on donnât aux membres absents qui sont des plus imposés d'une commune, le droit si long-temps réclamé et qui paraît si nécessaire, de se faire représenter par un fondé de pouvoirs. (1).

« Les intérêts des personnes et des
» propriétés, disait le rapporteur, doi-
» vent être défendus ; il faut donc qu'ils
» soient représentés ; et l'on doit re-
» marquer avec peine que la législation
» actuelle ne donne, dans aucune de ses
» dispositions, le droit de représenta-
» tion par des *tiers*, aux propriétaires
» *absents*, ou incapables de soutenir
» eux-mêmes leurs droits, tels que les
» femmes et les mineurs. Votre com-

____

(1) Termes du rapport.

» mission s'est efforcée , sans croire
» pouvoir vous présenter une mesure
» dérogatoire pour tous les cas , de faire
» participer les propriétaires absents
» d'une commune , qui en sont souvent
» les plus riches , à la défense de leurs
» intérêts dans le vote des contribu-
» tions extraordinaires pour chemins
» communaux , en se faisant représen-
» ter , pour ce cas spécial , par un fondé
» de pouvoirs ; nous osons espérer que
» partageant nos motifs , vous approu-
» verez l'amendement de votre com-
» mission. »

Mais on s'opposa à cet amendement.
« La question a été résolue , disait-on
» par l'art. 40 de la loi du 15 mai 1818 ,
» qui porte : Lorsque les plus forts con-
» tribuables seront absents , ils seront
» remplacés par les plus forts imposés
» après eux sur le rôle. Ce n'est pas ,
» comme l'a pensé la commission ,

» dans un intérêt individuel que les
» plus imposés sont appelés dans le
» Conseil municipal, mais dans l'inté-
» rêt général ; c'est donc une fonction
» publique momentanée, à la vérité,
» qu'ils remplissent. Pouvez-vous dé-
» cider par amendement qu'un fonc-
» tionnaire public a le droit de se faire
» représenter par un fondé de pouvoirs?
» Quelle espèce de pouvoirs conférera-
» t-il ? seront-ils illimités ? Si c'était
» un choix indigne du Conseil munici-
» pal, un homme taré dans l'opinion
» publique, le Conseil municipal aurait-
» il le droit de le repousser ? Si c'était
» un membre du Conseil municipal, il
» pourrait donc émettre un double
» vote, et dans la même assemblée,
» tandis que dans les élections le double
» vote se divise dans deux collèges élec-
» toraux. Remarquez, en outre, que
» d'après le principe, *qui veut la fin*

» *veut les moyens*, il faudrait donner
» au propriétaire absent le temps de se
» faire représenter ; et cependant il
» peut être urgent de délibérer sur les
» réparations à faire à des chemins vi-
» cinaux. Vous voyez combien les diffi-
» cultés se multiplient. Ces considéra-
» tions vous paraîtront suffisantes pour
» rejeter un amendement qui abroge-
» rait un article de loi qui porte atteinte
» à la prérogative royale. »

L'amendement de la commission fut
rejeté.

TEXTE DE LA LOI.

Art. 6. *Si des travaux indispensables exigent qu'il soit ajouté par des contributions extraordinaires au produit des prestations, il y sera pourvu, conformément aux lois, par des ordonnances royales.*

Observations.

1. Cet article contient une légère omission. Il semblerait, à la manière dont il est rédigé, que c'est seulement en cas d'insuffisance des prestations qu'il faut recourir à une contribution extraordinaire, lorsqu'il résulte au con-

traire de toutes les dispositions de la loi, que c'est en cas d'insuffisance et des prestations et des cinq centimes additionnels.

2. Pour que l'on ait recours à la mesure énoncée dans cet article, il faut nécessairement qu'il s'agisse de travaux dont l'exécution ne pourrait être ajournée à l'année suivante, époque à laquelle ils seraient confectionnés à l'aide des revenus, des prestations et des cinq centimes. Cette contribution extraordinaire ne peut avoir lieu que pour des travaux également extraordinaires, et non pour ceux d'entretien.

3. Du reste, cette contribution n'est point limitée comme le sont les prestations et les cinq centimes. Un membre de la Chambre des députés proposa d'ajouter à l'article cette disposition : Sans toutefois que ces contributions extraordinaires puissent excéder cinq centimes

du principal de toutes les contributions
directes. « Vous venez par les art. 3
» et 4, disait-il, d'autoriser les Conseils
» municipaux à voter 25 à 30 millions,
» et cela sur la simple autorisation du
» Préfet. Nous n'étions pas encore en-
» trés dans un pareil système. Plu-
» sieurs fois, il avait été proposé à la
» Chambre d'augmenter les centimes
» facultatifs pour les routes départe-
» mentales, et jamais ces propositions
» n'ont été adoptées. Cependant les
» routes départementales ont un tout
» autre intérêt que les chemins vici-
» naux ; elles servent au transport des
» produits industriels et agricoles d'un
» département à un autre ; ce sont des
» communications de première néces-
» sité. Les chemins vicinaux ne servent
» qu'à transporter les denrées à de pe-
» tites distances. »

L'amendement fut rejeté.

4. La loi du 15 mai 1818 , règle les formalités à suivre pour obtenir l'autorisation d'imposer extraordinairement.

L'art. 39 est ainsi conçu : « Dans le cas où les cinq centimes additionnels imposés pour les dépenses des communes étant épuisés , une commune aurait à pourvoir à une dépense véritablement urgente ; le Maire , sur l'autorisation du Préfet , convoquera le conseil municipal et les plus forts contribuables aux rôles de la commune , en nombre égal à celui des membres de ce Conseil, pour reconnaître l'urgence de la dépense , l'insuffisance des revenus municipaux et des cinq centimes ordinaires pour y pourvoir.

« Art. 41. Le Conseil municipal , auquel , aux termes de l'art. 39 , auront été adjoints les plus forts contribuables votera sur les centimes extraordinaires proposés. Dans le cas où ils seraient consentis, la délibération sera adressée au Préfet, qui, après l'avoir revêtue de son autorisation, la transmettra au ministre secrétaire d'État de l'intérieur, pour y être définitivement statué par une ordonnance du Roi. »

Ces dispositions doivent recevoir leur exécution dans le cas prévu par l'art. 6 de la loi du 28 juillet; bien que cet article ne dise pas expressément que les plus forts contribuables seront adjoints au Conseil municipal, il est manifeste qu'ils doivent l'être. Il le dit d'ailleurs implicitement, en renvoyant aux lois qui déterminent les formes à suivre pour les impositions extraordinaires; et puisque ce mode de voter est prescrit par l'art. 4, pour les centimes additionnels qui sont limités, il doit l'être à plus forte raison pour des contributions extraordinaires et illimitées.

TEXTE DE LA LOI.

Art. 7. *Toutes les fois qu'un chemin sera habituellement, ou temporairement dégradé par des exploitations de mines, de carrières, de forêts, ou de toute autre entreprise industrielle, il pourra y avoir lieu à obliger les entrepreneurs ou propriétaires à des subventions particulières, lesquelles seront sur la demande des communes, réglées par les Conseils de préfecture, d'après des expertises contradictoires.*

OBSERVATIONS.

1. La disposition de cet article est fondée sur ce principe infiniment juste,

qu'on doit contribuer à la réparation des chemins, en proportion des détériorations qu'on leur cause. La loi suppose que des exploitations de minés, de carrières, de forêts ou de *toute autre entreprise industrielle*, détériorent beaucoup plus les chemins que le simple passage à pied des habitants, celui des bêtes de somme et de trait, ou des charettes consacrées à l'agriculture. Voilà pourquoi elle assujettit les entrepreneurs ou propriétaires à des subventions proportionnées au dommage qu'ils font éprouver. Nous avons souligné les termes *entreprise industrielle*, pour faire remarquer qu'une entreprise qui n'aurait pas ce caractère ne pourrait être assujettie à la subvention. Ces termes prêteront sans doute beaucoup à l'arbitraire; car il ne sera pas toujours facile de déterminer ce qui constitue une entreprise industrielle; l'administration se déterminera d'après les circonstances. Nous ajouterons qu'on doit considérer comme entreprise industrielle des forges, des moulins à foulon ou à blé, des manufactures, des usines ; même une grande exploitation agricole.

2. Le mot *forêts* employé dans la loi prêtera aussi à l'arbitraire ; car quelle étendue un bois devra-t-il avoir pour être considéré comme une forêt ? La décision de ce point délicat est encore abandonnée à la sagesse de l'administration et dépendra toujours des circonstances.

3. Du reste, les termes de la loi établissent une simple faculté. Il *pourra y avoir lieu*, dit-elle, à obliger les propriétaires, entrepreneurs, etc. Si donc la dégradation est peu considérable , si les moyens consacrés par les autres dispositions suffisent à l'entretien des chemins, il n'y aura pas lieu à subvention.

La subvention ne doit avoir d'autre limite que celle de la détérioration causée par l'exploitation qui la nécessite.

4. Le Conseil de Préfecture appelé à décider s'il y a lieu à subvention et à déterminer sa quotité, doit statuer comme en matière de contributions directes. Ce n'est pas un simple avis qu'il donne, c'est véritablement un jugement qu'il porte. La matière est contentieuse de sa nature. Il y a demande des communes, expertise contradictoire, et discussion également contradictoire sur cette expertise. Si l'une ou l'autre partie croit avoir à se plaindre de la décision du Conseil de Préfecture, elle peut se pourvoir au comité contentieux du Conseil d'État, par le ministère d'un avocat près ce Conseil. Nous faisons cette observation pour dissiper les doutes que pourrait faire naître la discussion de la loi à la chambre des députés.

TEXTE DE LA LOI.

Art. VIII. *Les propriétés de l'État et de la Couronne contribueront aux dépenses des chemins communaux, dans les proportions qui seront réglées par les Préfets en Conseil de préfecture.*

Observations.

On ne pouvait suivre, pour les contributions à la charge des propriétés de l'État et de la couronne, les mêmes règles que pour les autres cas spécifiés par la loi. A la vérité la prestation par tête d'habitant, par cheval, charrette, etc., s'applique à ces propriétés comme aux autres, lorqu'elles sont exploitées par des régisseurs, fermiers ou colons ; mais l'art. 8 a particulièrement en vue les centimes aditionnels et les contributions extraordiuaires dont parlent les art. 4 et 6 de la loi. Il ne convenait pas que le Conseil municipal de la commune de la situation des biens, déterminât la proportion dans laquelle ils doivent contribuer aux dépenses des chemins, proportion qui d'ailleurs est assez dificile à bien établir, puisque les domaines de l'état et de la couronne ne payent pas d'impôt. Ici c'est le Préfet qui règle, après avoir pris l'avis de son conseil. La matière n'est nullement contentieuse, ainsi que nous l'établirons sur l'article suivant.

TEXTE DE LA LOI.

ART. IX. *Lorsqu'un même chemin intéresse plusieurs communes, et en cas de discord entre elles sur la proportion de cet intérêt et des charges à supporter, ou en cas de refus de subvenir auxdites charges, le Préfet prononce en Conseil de préfecture sur la délibération des Conseils municipaux, assistés des plus imposés, ainsi qu'il est dit à l'art. 5.*

OBSERVATIONS.

1. Les communes peuvent être assujetties à l'entretien des chemins d'une autre commune, pourvu qu'ils passent sur leur territoire et qu'elles y aient intérêt. Un député proposa l'amende-

ment suivant : « Dans aucun cas, une
» commune ne pourra être assujettie,
» soit par des prestations en nature,
» soit par les sommes qui proviendront
» des centimes qu'elle se sera imposés,
» à contribuer à la confection, répara-
» tion ou entretien des chemins d'une
» autre commune.» Cet amendement ne
fut pas appuyé.

A la Chambre des Pairs, M. le mar-
quis de Nicolay demanda que le Ministre
s'expliquât sur le sens précis de l'art. 9
du projet. Cet article dispose que, lorsqu'un chemin intéresse plusieurs communes, le Préfet prononcera en Conseil
de préfecture sur les difficultés qui pourraient s'élever entre elles, relativement
à la proportion dans laquelle elles doivent contribuer à la réparation. Mais
quelles sont les communes qui seront
censées avoir intérêt à un chemin ? Sont-
ce celles-là seulement sur le territoire

desquelles il passe, ou bien toutes celles qui en font usage? et doit-on inférer de l'article qu'une commune puisse être obligée de contribuer à la réparation d'un chemin qui ne passe pas sur son territoire?

Le ministre de l'Intérieur déclara que le sens de l'art., dans l'intention de ceux qui l'ont rédigé, était que les communes ne contribuent qu'à la réparation des seuls chemins qui passent sur leur territoire; mais en ayant égard plus à l'utilité qu'elles en retirent qu'à la longueur des chemins compris dans leur enclave. On conçoit aisément la justice de cette disposition, et pour l'établir, il suffit d'observer qu'un chemin qui sert de communication directe et nécessaire entre deux communes, peut traverser dans une très-grande longueur le territoire d'une commune intermédiaire qui, ayant d'autres communications, n'en retirerait que peu ou point d'utilité. Dans un pareil cas, il est évident que les deux communes situées à l'extrémité, quelque peu d'espace que le chemin parcoure sur leur territoire, doivent contribuer à sa réparation dans une proportion plus forte que la commune intermédiaire, dans quelque longueur que le chemin la traverse.

M. de Nicolaï observa que tel était aussi le sens dans lequel il pensait que l'art. devait être entendu; mais que dans son opinion, cet art. ne faisait que compliquer inutilement le régime des chemins vicinaux, et qu'il eut semblé préférable de s'en tenir à la disposition de l'art. Ier. et de mettre à la charge de chaque commune la totalité des chemins qui traversent son territoire sans aucune distinction.

2. l'art. 9 ne prévoit pas le cas où les diverses communes intéressées à un

même chemin se trouveront situées
dans deux départements différents ;
quelle sera alors l'autorité qui prononcera ?

Le Ministre de l'Intérieur auquel une
explication fut demandée à ce sujet à la
chambre des Pairs, déclara qu'en effet ce
cas présentait une difficulté réelle ; les
communes intéressées n'étant pas soumises à la même autorité, il était impossible d'attribuer à aucun des deux
Conseils de préfecture le droit de prononcer ; la loi a dû s'en remettre aux
Préfets du soin de s'entendre à cet
égard et de terminer par des voies de
conciliation des difficultés qu'aucune
autorité locale n'était compétente pour
juger. Si les Préfets ne pouvaient arriver à s'entendre, il est évident que ce
serait à l'autorité supérieure, c'est-à-dire au Ministre à prononcer en définitif, et sauf le recours au Conseil d'État.

Dans les autres cas, c'est au Préfet à prononcer en Conseil de préfecture, ce qui signifie que ce Conseil doit seulement donner son avis, qu'il n'a que voix consultative, et que la décision est exclusivement réservée au Préfet; ainsi, la décision n'intervient pas dans la forme contentieuse. On saisit, en effet, la différence qui existe entre cette disposition et celle de l'ar. 7. D'après ce dernier art., la subvention doit être réglée par les Conseils de préfecture; mais, suivant les art. 8 et 9, le Préfet *doit statuer en conseil de Préfecture*. M. Leclerc de Beaulieu proposa à l'art. 9 l'amendement suivant: Le Conseil de préfecture statue comme en matière contentieuse; mais il fut rejeté.

TEXTE DE LA LOI.

Art. X. *Les acquisitions, aliénations et échanges ayant pour objet les chemins communaux, seront autorisés par arrêtés des Préfets en Conseil de préfecture, après délibération des Conseils municipaux intéressés, et après enquête de commodo et incommodo, lorsque la valeur des terreins à acquérir, à vendre ou à échanger, n'excèdera pas 3,000 francs.*

Seront aussi autorisés par les Préfets, dans les mêmes formes, les travaux d'ouverture et d'élargissement desdits chemins, et l'extraction des ma-

tériaux nécessaires à leur établisse-
ment, qui pourront donner lieu à des
expropriations pour cause d'utilité pu-
blique, en vertu de la loi du 8 mars
1810, lorsque l'indemnité due aux pro-
priétaires pour les terreins ou pour les
matériaux, n'excèdera pas la même
somme de 3,000 francs.

OBSERVATIONS.

1. Cet article prévoit deux cas : ou la cession des terreins pour la confection ou l'élargissement des chemins est volontaire, ou elle ne l'est pas. Dans le premier, il n'y a pas lieu à l'expropriation pour cause d'utilité publique ; mais précédemment il aurait fallu une autorisation du gouvernement. La nouvelle loi, dans l'intention de simplifier et d'accélérer une opération qui peut être

urgente et qui ne présente pas un intérêt majeur, donne aux Préfets le pouvoir de l'autoriser, lorsque la valeur
des terreins à acquérir, à vendre ou à
échanger n'excède pas 3,000 francs.

Lorsque la cession n'est pas volontaire de la part des particuliers, il y a
lieu à recourir à l'expropriation forcée.
Il faut bien avoir un moyen de vaincre
l'aveugle opiniâtreté d'un particulier
qui, par un intérêt privé mal entendu,
se refuse à une mesure que réclame l'intérêt général.

Mais quelles formalités devra-t-on
suivre pour le déposséder?

L'article que nous expliquons cite la
loi du 8 mars 1810.

Cette loi porte que la déclaration de
l'utilité publique doit être faite par le
Monarque; mais que l'expropriation,
la dépossession ne peut être prononcée
que par les tribunaux.

Au premier aperçu, il semblerait qu'en renvoyant à la loi du 8 mars, on ait voulu conférer au Préfet le pouvoir qui appartient au Roi de déclarer l'utilité publique, en réservant néanmoins à l'autorité judiciaire le pouvoir de prononcer la dépossession ; autrement que signifierait la citation de cette loi ?

Cependant en examinant les choses de près, on reconnaît que cette interprétation conduit à une fausse conséquence. C'est par une erreur manifeste qu'on a rappelé la loi du 8 mars. On a cru qu'elle consacrait le principe de l'expropriation, lorsqu'elle ne fait que l'organiser, que prescrire les formes et les conditions de son application. Ce principe, au contraire, est établi par l'art. 545 du Code civil et par la charte royale.

Qu'a voulu le législateur ? Faire disparaître la difficulté qui s'était quelquefois élevée de savoir si une commune pouvait réclamer l'expropriation pour cause *d'utilité publique*, qu'on prétendait ne pouvoir être invoquée que par l'État.

L'art. 10 est d'ailleurs conçu en termes impératifs et généraux : Seront aussi autorisés par le Préfet dans les mêmes formes, etc. Si l'intention du législateur eut été de ne conférer au Préfet que le pouvoir de déclarer l'utilité publique, il l'aurait dit et n'aurait pas exprimé qu'il autoriserait les travaux d'ouverture et d'élargissement des chemins, ou l'extraction des matériaux. Ce qui confirme cette manière d'entendre la loi, c'est l'expression *aussi* employée dans le second §. Assurément une acquisition volontaire sera valable, lorsque n'excédant pas la valeur de 3,000 francs, elle aura été autorisée par le Préfet. L'expression *aussi* annonce qu'il y a

similitude complète dans les deux cas ;
que dans l'un comme dans l'autre,
l'autorisation du Préfet est suffisante.
La loi a voulu, pour des objets de peu
d'importance, diminuer les entraves et
simplifier les formes dont l'accomplissement entraîne des lenteurs et des
frais souvent plus considérables que la
valeur de l'objet exproprié.

Avant cette loi, le Préfet avait le
même pouvoir. Tous les jours le Conseil
d'État décidait qu'un Préfet pouvait
déclarer tel chemin vicinal, malgré la
prétention de propriété élevée par un
particulier et que s'il était ensuite reconnu propriétaire du terrein, il n'avait
droit qu'à une indemnité ; mais non à
la reprise de son terrein. Tout en res-
pectant l'autorité qui avait introduit une
telle jurisprudence, nous avons soutenu, dans notre traité des chemins,
289 qu'elle était contraire à la loi ;

que, puisqu'il n'existait en faveur des communes aucune exception au principe qui veut que nul ne soit contraint de céder sa propriété, si ce n'est pour cause d'utilité publique *légalement constatée*, elles étaient obligées de se soumettre à la règle. La loi nouvelle rend hommage à ce principe; on a senti qu'il fallait créer une exception. Toutefois elle est restreinte au cas où les terreins n'excèdent pas une valeur de 3,000 francs.

Mais qui est-ce qui déterminera la valeur? Ce point est important, puisque c'est de cette valeur que dépend l'observation de la loi du 8 mars ou celle du 28 juillet. Des experts, dira-t-on, estimeront préalablement les terreins. Le Préfet en nommera un, les particuliers un autre. Très-bien : mais s'ils ne sont pas d'accord, s'il est nécessaire d'en nommer un troisième et que les

Préfets et les particuliers ne s'entendent pas sur la désignation, qui la fera? Le Conseil de préfecture, dira-t-on; mais en vertu de quelle loi? Aucune ne lui donne un pareil pouvoir. Cependant ce Conseil n'est qu'un tribunal d'exception. Ajoutons qu'il est présumé sous l'influence du Préfet. Je crois donc qu'il faudrait, pour ce cas, recourir aux tribunaux. Et après l'estimation, quel sera le juge des débats que l'expertise pourra entraîner? car personne n'est lié par l'avis des experts, les parties ne le sont pas plus que les juges. Je crois qu'il faudrait encore avoir recours pour cet objet à l'autorité judiciaire qui est une juridiction générale chargée de décider sur toutes les matières qui n'ont pas été formellement retranchées de ses attributions. C'est une garantie qu'on ne peut refuser à la propriété ; puisque l'on n'est dispensé de l'observation des formes protectrices consacrées par la loi du 8 mars 1810, qu'autant que la valeur est peu considérable, il faut que cette valeur soit d'abord constatée, d'une manière qui assure l'impartialité et l'indépendance de la décision.

2. Lorsque la loi subordonne le pouvoir absolu du Préfet à la valeur de 3,000 francs, elle suppose qu'il ne s'agit que de cette valeur pour chaque commune. Il est possible que l'étendue de terrain à acquérir vaille 6,000 francs, mais qu'il intéresse quatre communes qui doivent y contribuer pour 1,500 francs chacune, ce qui fera quatre acquisitions différentes que le Préfet aura le pouvoir d'autoriser, sans recourir aux formes de la loi du 8 mars 1810.

3. Un arrêt du Conseil du 7 septembre 1755 porte que les ingénieurs indiqueront, autant qu'ils le pourront, pour l'extraction des matériaux, les lieux où

cette opération causera le moins de dommage ; il ajoute qu'ils s'abstiendront, autant que faire se pourra, d'en faire prendre dans les bois; et que dans le cas où l'on ne pourrait s'en dispenser, sans augmenter considérablement le prix des ouvrages , les entrepreneurs ne pourront mettre les ouvriers dans les bois nationaux, ou des gens de main morte, etc.

De là résulte la règle générale que les ingénieurs et les Préfets ne doivent point faire prendre de matériaux dans les bois, de quelque espèce qu'ils soient, taillis, futayes, avenues , pépinières, etc. Ce n'est que lorsqu'on n'en trouve pas dans les environs et qu'en les tirant d'une contrée plus éloignée, le prix en serait considérablement augmenté , qu'il y a lieu de faire exception à la règle. Mais alors il faut que le fait soit contradictoirement et définitivement reconnu entre l'administration et les particuliers, avant le commencement des travaux; autrement la disposition protectrice de la loi serait toujours éludée et deviendrait par là même illusoire.

Au reste, l'extraction de matériaux, les dommages qu'elle peut causer, donnent lieu à des réclamations, ainsi que nous l'avons expliqué p. 115 et 337 de notre Traité des chemins, où nous avons aussi indiqué l'autorité compétente pour les juger.

4. La loi garde le silence sur la nécessité de payer l'indemnité avant de se mettre en possession; mais l'art. 545 du Code et l'art. 10 de la Charte y obligent impérativement; que l'on soit dispensé d'observer les formes de la loi du 8 mars, soit. Mais il n'en résulte nullement qu'on puisse en outre s'affranchir du paiement préalable de l'indem-

nité. En un mot, il n'y a de changé que
ces formes; mais c'est toujours une expropriation, une cession forcée qu'on
réclame, et les lois déjà citées portent
qu'une pareille expropriation ne peut
avoir lieu qu'au moyen d'une indemnité
préalable.

Nous rappellerons ici que, dans notre
Régime des Eaux, p. 22, nous nous
sommes élevés contre la faculté que
l'art. 20 de la loi du 8 mars donne à
l'acquéreur de retarder, en cas de circonstances particulières, le paiement
de l'indemnité pendant trois ans. Depuis nous avons eu la satisfaction de
voir notre opinion consacrée par un
arrêt de la cour d'Amiens du 22 mars
1823, (Sirey 1823, p. 218 2° p.) Cet
arrêt est fondé sur ce que la loi du 8
mars avait évidemment dérogé au Code
civil; mais que cette dérogation a cessé
d'exister à la promulgation de la Charte;

que cela résulte encore de l'art. 15 de
la loi du 17 juillet 1819 et de l'art. 50
de l'ordonnance du Roi du premier
août 1821 , relatifs aux servitudes imposées à la propriété pour la défense
de l'État ; que si l'intérêt même de la
défense de l'État n'a pu faire fléchir, en
faveur du domaine militaire la règle
tracée par l'art. 10 de la Charte , les
tribunaux ne sauraient la méconnaître
pour hâter des travaux qui sont à exécuter dans l'intérieur du royaume,
quelle que soit leur utilité.

5. Nous avons dit , page 208 de notre
Traité des Chemins , que la prétention
de propriété élevée par un riverain
n'empêchait pas le Préfet de déclarer
la vicinalité d'un chemin , d'en fixer
la largeur et la direction. Cela était
sans difficulté alors, puisque, d'après la
jurisprudence du Conseil d'Etat , le
riverain qui était ensuite reconnu pro-

priétaire, n'avait pas droit de reprendre son terrain, qu'il ne pouvait exiger qu'une indemnité, que l'arrêté du Préfet était considéré comme déclaratif de l'utilité publique, et emportait expropriation, parce qu'il en résultait que le chemin était nécessaire au service public et devait être abandonné à la commune.

Mais cette jurisprudence se concilie-t-elle avec les dispositions de la nouvelle loi?

L'art. 10 distingue le cas où la valeur des terrains nécessaires à la confection des chemins ne s'élève qu'à 3,000 francs, de celui où elle l'excède; et dans l'un et l'autre, il prescrit des formalités qui ne sont pas exigées par l'art. 1er pour la simple reconnaissance de la vicinalité. Ainsi cet art. n'exige qu'une délibération du Conseil municipal, mais le 1er § de l'art. 10 prescrit non seulement cette délibération, mais encore une enquête de *commodo* et *incommodo* et l'avis du Conseil de préfecture, puisque d'après la loi, le Préfet doit décider *en Conseil de préfecture*. Enfin lorsque la valeur des terrains excède 3,000 francs, il faut recourir aux formes de l'expropriation forcée, que retrace la loi du 8 mars 1810.

L'art 1ᵉʳ semble ne point s'occuper de l'hypothèse ou il s'élève un débat sur la propriété du chemin. Il suppose qu'il s'agit seulement de décider entre les différens chemins qui appartiennent à la commune, quels sont ceux qui, à raison de leur importance, de leur utilité générale, doivent être réparés aux frais de la communauté, et ceux qui n'ayant qu'une utilité bornée à un petit nombre d'habitants, peuvent être négligés ou ne doivent être entretenus que par ceux-ci, s'ils y consentent.

D'un autre côté, l'article 10 suppose

bien qu'il s'agit d'établir un nouveau chemin, puisqu'il parle de travaux *d'ouverture* ou *d'élargissement*. Il part donc de cette idée que la propriété du particulier n'est pas mise en doute et que la commune et le Préfet ne prétendent pas que ce qui est réclamé comme propriété privée forme néanmoins un chemin vicinal.

Mais si le Préfet avait le pouvoir de déclarer la vicinalité malgré la prétention de propriété, l'art. 10 serait illusoire : jamais une commune ne manquerait de soutenir que le terrain litigieux forme un chemin vicinal ; et dès lors, quelle que fût la valeur du terrain, fût-elle même supérieure à 3,000 francs, le Préfet déciderait souverainement de l'expropriation, sauf au particulier à se pourvoir ensuite devant les tribunaux pour faire juger la question de propriété et obtenir une indemnité. Voilà l'inconvenient contre les particuliers ; mais le système contraire en aurait aussi contre les communes, parce que les particuliers ne manqueraient jamais de prétendre qu'ils sont propriétaires du terrain qu'on veut faire considérer comme formant un chemin.

Pour concilier les intérêts et les principes, il nous semble que si le chemin était porté sur le tableau des chemins vicinaux définitivement arrêté par le Préfet, les Conseils de préfecture ou les tribunaux devraient provisoirement maintenir l'état des choses et conséquemment accorder la possession à la commune ; mais que si le chemin n'était pas classé, il y aurait tout simplement lieu à l'action possessoire devant le juge de paix.

Toute autre marche nous paraîtrait illégale, et attentatoire au droit sacré de la propriété.

Ainsi on ne pourrait pas même tolérer celle-ci :

Une commune se prétend propriétaire d'un chemin , un particulier soutient au contraire qu'il lui appartient. La commune, sans abandonner sa prétention, mais prévoyant le cas où elle ne serait pas accueillie, et voulant cependant avoir un chemin qui lui paraît nécessaire, remplit les formalités prescrites par le § 1.er de l'art. 10. L'enquête de *commodo* et *incommodo*, la délibération du Conseil municipal ont lieu : le préfet décide en Conseil de préfecture. Et remarquons-le bien : cette marche ne peut être relative qu'aux terrains ne valant que 3,000. Eh bien tout cela n'autoriserait point la commune à se mettre en possession, parce qu'il faut qu'elle donne une indemnité *préalable* ; mais il en serait différemment si elle consentait à faire cette avance ; elle pourrait alors demander l'envoi en possession et se réserver de faire restituer l'indemnité après le jugement de la question de propriété s'il lui était favorable. Elle pourrait également se faire envoyer en possession d'un terrain excédant la valeur de 3,000 francs aux mêmes conditions, mais à la charge d'observer les formalités prescrites par la loi du 8 mars 1810. Les frais que ces formalités entraîneraient demeureraient à la charge de la commune, même lorsqu'elle serait en définitif reconnue propriétaire.

6. La commission avait proposé un article additionnel qui devait être le onzième, ainsi conçu : « Les contraven- » tions et délits résultant de la dégra- » dation et destruction des chemins » communaux pourront être poursuivis » d'office par le ministère public. » M. de Gerès avait demandé qu'après ces mots : les contraventions et délits ré-

sultant des dégradations ou destructions
des chemins communaux..... on ajoutât
ceux-ci : « seront constatés par les gen-
» darmes. Les procès verbaux seront
» remis aux juges de paix qui pronon-
» ceront les amendes ou indemnités et
» même le délaissement du terrain an-
» ticipé dans l'année sur les chemins, le
» tout sans excéder leur compétence. »
Enfin M. Delhorme, développant ce dernier amendement dans la partie qui se
réfère à la compétence des juges de paix,
s'exprimait ainsi : « Il est un autre ordre
de faits à la répression desquels la loi
n'a pas suffisamment pourvu ; ce sont
les *dégradations*, les *empiètements* et
les *entreprises* sur les chemins communaux, commis sans violence et sans les
caractères déterminés par les art 437
et 456 du code pénal.

« Dans l'état de la législation, et no-
» nobstant l'art. 137, les contraven-

» tions dont nous nous occupons, sont
» restées en premier ressort dans les
» attributions des tribunaux correc-
» tionnels ; d'abord, parce que les con-
» trevenants sont passibles, suivant le
» code rural, d'une amende qui peut
» être portée à 24 fr. au lieu de 15, et
» ensuite, parce que, lors de la pro-
» mulgation de ce dernier code, la
» distinction entre les délits et les con-
» traventions n'était pas tranchée aussi
» nettement qu'elle l'a été depuis.

» En réduisant l'amende de 24 fr.
» à 15 fr. au plus, et l'emprisonnement
» à cinq jours et au-dessous, et en or-
» donnant que les dégradations, em-
» piètements et usurpations dont il s'a-
» git, commis sans violences et dé-
» pouillés des circonstances portées
» aux articles 437 et 456 du code pé-
» nal, seront poursuivis comme con-
» traventions de simple police, vous

» feriez disparaître un des plus grands
» obstacles à la conservation des che-
» mins, vous donneriez à la justice une
» action qui fut toujours paralysée dans
» ses mains; vous rendriez possible la
» poursuite des maires, vous épargne-
» riez aux contrevenans, sans leur ôter
» la ressource de l'appel, les frais et
» le ministère des avoués; vous assure-
» riez enfin la répression, jusqu'ici
» illusoire, des contraventions de ce
» genre qui sont les plus fréquentes. »
La commission déclara retirer son
amendement, par le motif qu'elle avait,
depuis sa rédaction, découvert une
ordonnance royale de 1816 qui rem-
plissait le but qu'elle s'était proposé.
M. de Gerès déclara aussi retirer le
sien, et celui de M. Delhorme ne fut
point appuyé; de tout cela, il résulte
manifestement qu'on n'a voulu apporter aucun changement aux règles de

compétence , relatives à la répression des contraventions.

J'avoue pourtant que je partage entièrement l'opinion de M. Delhorme. Il me semble qu'on ne pouvait rien faire de mieux , dans l'intérêt de la conservation des chemins , que de réduire l'amende à 15 fr. , parce qu'alors le juge de paix eut été compétent pour punir la contravention ; et certes aucune juridiction n'est à cet égard préférable à la sienne. Placé, pour ainsi dire , sur le lieu du délit , il peut, sans frais , avec célérité , en pleine connaissance de cause, porter une salutaire décision. La juridiction des Conseils de préfecture , en supposant qu'ils fussent compétents, ce que nous contestons, n'offre pas les mêmes avantages à cause de leur éloignement. Ajoutons que l'on ne peut attaquer leur décision qu'au conseil d'Etat , que l'appel du jugement des juges de police est porté au tribunal de l'arrondissement. Vainement objecterait-on que les Conseils de préfecture sont plus sévères que les juges de paix; puisque ces Conseils ne peuvent être saisis de la contravention que lorsqu'elle leur est dénoncée par le maire qui fait préalablement dresser procès-verbal par le garde champêtre. Or, il est plus facile au Maire de le dénoncer au juge-de-paix qu'au Préfet. Le juge-de-paix, à portée de reconnaître l'anticipation, n'hésiterait pas à la punir. Je le répète, une loi qui attribuerait la répression de ces contraventions aux juges-de-paix, serait un bienfait, et je ne comprends guère pourquoi la proposition de M. Delhorme n'a point été adoptée.

Il faut donc nécessairement prendre les choses comme elles sont et tracer en peu de mots les règles de compétence qui appartiennent à la matière.

Cette compétence se partage entre l'autorité administrative et l'autorité judiciaire.

Voyons le cas le plus ordinaire. Une commune dresse le tableau de ses chemins. — Aucune réclamation ne s'élève. C'est au Préfet à statuer par un arrêté. Si ensuite des particuliers forment opposition, le Préfet les apprécie ; mais par provision la commune est maintenue en possession. Cette maintenue, en cas de contestation, en général est prononcée par l'autorité judiciaire.

Mais si avant l'arrêté du Préfet, des réclamations s'élèvent, il faut distinguer. Ceux qui les forment prétendent-ils seulement que tel chemin n'est pas d'un intérêt général, ou qu'il doit avoir telle direction et telle largeur, sans cependant revendiquer la propriété? le Préfet seul doit encore prononcer.

Si, au contraire, il y a revendication de propriété, le Préfet doit surseoir à déclarer la vicinalité, et délaisser la commune à se pourvoir devant le juge de paix par action possessoire. Voyez à cet égard ce que nous avons dit dans notre Traité des Chemins, p 325, en observant que, d'après la nouvelle loi, le Préfet ne peut plus prononcer la maintenue possessoire, et qu'il n'y a qu'un cas où le Conseil de préfecture ait ce pouvoir.

Supposons maintenant que le débat s'engage entre deux particuliers dont l'un prétend que le chemin est vicinal, et l'autre qu'il ne l'est pas. Avant la loi du 28 juillet, les tribunaux renvoyaient devant le Préfet pour faire décider sur la vicinalité; mais actuellement ils ordonneraient la mise en cause de la commune pour qu'elle s'expliquât sur la propriété, si on la contestait.

Dans tout ce qui précède, il n'est question que de vicinalité, de propriété ou de possession ; mais supposons qu'il s'agisse de contraventions.

Un particulier usurpe ou anticipe sur la largeur des chemins vicinaux.

Il y commet des dégradations.

Il les embarrasse par des dépôts de pierres ou de fumiers.

Enfin il contrevient aux réglements ou arrêtés de l'autorité municipale relatifs à ces chemins.

L'usurpation ou anticipation peut résulter d'une plantation d'arbres ou d'un autre fait.

Dans le premier cas, c'est au Conseil de préfecture à en connaître ; dans tous les autres, c'est au tribunal correctionnel. Voyez ce que nous disons à cet égard dans notre Traité des chemins,

p. 303 et suivantes, et p. 340 et suivantes.

C'est également au tribunal correctionnel à prononcer sur les dégradations ou détériorations. Voyez *Ibid.*

Ces principes de compétence que nous croyons avoir établis dans le Traité ci-dessus, ont été professés, comme on l'a vu, dans la discussion de la loi à la chambre des députés par M. Delhorme premier président de la Cour royale de Caen.

Les embarras des chemins par dépôt de fumiers ou d'autres objets sont de la compétence des tribunaux de simple police, aux termes des articles 137 du Code d'instruction criminelle et 471 du Code pénal.

Reste la contravention qui consiste dans le refus ou la négligence d'exécuter les *règlements* ou *arrêtés* concernant *la petite voirie.*

Nul doute que les chemins vicinaux ne fassent partie de la petite voirie ; mais qu'entend-on par *règlements* ou *arrêtés* ? Ces deux expressions sont-elles synonimes ? Nous ne le croyons pas. Le règlement est généralement applicable à tous les individus et régit l'avenir. Souvent, sans doute, on donne à un réglement local la qualification *d'arrêté* ; cette dénomination est même très-usitée : le Préfet arrête, le Conseil municipal arrête, le Maire arrête telle chose.

Cependant nous donnons plus particulièrement le nom d'arrêté dans le sens de la loi, à une mesure particulière. Et il est indispensable, pour le maintien du bon ordre et l'exécution des lois de police, que cette interprétation soit admise : un règlement ne peut pas prévoir tous les cas, tous les faits capables de porter atteinte à l'intérêt général. S'il est loisible à l'autorité municipale de prendre une mesure générale, de faire un règlement pour prévenir les contraventions, elle doit pouvoir prendre un arrêté pour forcer le contrevenant de faire cesser la contravention. Dans le premier cas, c'est l'infraction du règlement qu'on punit, dans le second, c'est le refus d'exécuter l'arrêté. L'absence de règlement est toujours favorable aux particuliers, en ce qu'ils ne sont passibles d'aucune peine si, sur la réquisition ou la sommation de l'autorité, ils font disparaître la contravention, tandis qu'au contraire, lorsqu'il y a règlement, ils encourent la peine, par cela seul qu'ils enfreignent ses dispositions.

Ainsi, un Maire a le droit de faire un réglement pour obliger tous les habitants de sa commune à éloigner des propriétés particulières, aussi bien que des lieux publics, les matières qui peuvent infecter l'air et compromettre la salubrité publique. Mais s'il n'existe pas de réglement de cette nature, le Maire peut prendre un arrêté contre celui qui a déposé dans un lieu particulier des matières infectes ; et si ce dépôt n'est pas enlevé sur la première sommation, le contrevenant doit être traduit en simple police et condamné à la peine portée par l'art. 471. C'est même ce qui résulte d'un arrêt de la Cour de cassation en date du 6 février 1823, que nous avons rapporté dans notre Traité des chemins p. 379 ; c'est ce qui résulte encore d'un arrêt rendu depuis, dans une espèce bien remarquable, dont on ne sera pas fâché de trouver ici l'analyse.

M. le Préfet de police prit, le 15 juillet 1823, un arrêté portant :

« Art. Iᵉʳ. M. le baron de la Motte, » propriétaire d'une maison sise avenue de Neuilli, n°. 10, sera tenu, dans

» les trois jours de la signification à lui
» faite du présent arrêté, de faire pro-
» céder à la vidange des eaux bour-
» beuses et infectes, provenant de sa
» dite maison et séjournant dans l'une
» des cuvettes du rond point des
» Champs Élysées, et au nettoiement
» exact de ce fossé, comme aussi de
» faire combler les rigoles pratiquées
» depuis sa maison jusqu'au dit fossé,
» pour y conduire les eaux. »

» Art. 2. En cas d'inexécution des
» dispositions prescrites par l'art. pré-
» cédent, il y sera immédiatement
» pourvu d'office par le commissaire de
» police du quartier, de concert avec
» l'inspecteur général de la salubrité,
» aux frais du propriétaire.

Le 19 du même mois, cet arrêté fut
notifié à M. le baron Delamotte avec
sommation d'y satisfaire, et le 25, le
commissaire de police, voyant qu'on

n'y avait point obtempéré, fit procéder à la vidange des eaux bourbeuses. Le 18 août, le commissaire de police fit citer M. Delamotte au tribunal de simple police, *comme prévenu de contravention, pour avoir laissé écouler des eaux insalubres sur la voie publique et ne pas avoir satisfait aux différentes sommations qui lui avaient été faites à ce sujet.*

« Mais le 27 novembre, le tribunal
» de police considérant qu'il est cons-
» tant que les Champs Élysées, comme
» promenade publique, comme do-
» maine de la Couronne ou de la ville
» de Paris, sont, à ces titres, consi-
» dérés comme objet de grande voirie,
» et placés dans les attributions de l'au-
» torité administrative, et que toute
» discussion à cet égard ne peut être
» jugée qu'en Conseil de préfecture,
» aux termes de la loi.

« Que cette contestation sort entiè-
» rement des attributions de la police,
» et qu'une peine de police ne peut
» textuellement être appliquée au sieur
» baron de Lamotte, pour raison du
» fait dont il s'agit. »

Mais M. le Procureur général s'étant pourvu en cassation, dans l'intérêt de la loi, pour violation de l'art. 1 et 3, titre 2 de la loi du 24 août 1790, 471 n.º 5 du Code pénal, et fausse application de la loi du 29 floréal an 10, il intervint, le 15 avril 1824, un arrêt qui cassa, en se fondant, entr'autres motifs, sur les suivants :

« Considérant que si, à l'égard des grandes routes, la loi du 29 floréal an 10 veut que les contraventions de la nature de celles qui y sont énoncées, ou seulement indiquées, soient cons-tatées, poursuivies et réprimées par voie administrative, il est évident qu'en cela, le législateur n'a eu en vue que la conservation dans leur entier (surtout dans leur largeur,) l'entretien et le bon état, sous tous les rapports, des grandes routes royales ou départementales, et qu'il a laissé à l'autorité municipale et aux tribunaux de police toutes les attributions et tous les droits qui leur appartiennent, tant par la loi citée du 24 août 1790, que par les lois analogues et correlatives;

« Mais que, quand il s'agit de faire l'application desdites lois de floréal an 10 et d'août 1790, à des terrains qui forment prolongement de grandes routes royales ou départementales, en même temps qu'ils sont des places publiques ou des rues de villes, bourgs ou villages, il faut en combiner et concilier les dispositions, de manière qu'elles s'entr'aident, et que l'exercice de l'autorité administrative ne puisse jamais paralyser ou entraver l'action municipale et celle des tribunaux de police dans leurs droits et leurs attributions. »

Cependant le Maire n'a pas un pouvoir arbitraire ou absolu. Ses arrêtés doivent être subordonnés à la nécessité de les prendre, et leur stabilité dépend de la vérité des faits qui leur servent de base. Aussi l'on peut les attaquer devant le Préfet, mais les juges ne peuvent, sous aucun prétexte, se dispenser de les appliquer, tant qu'ils ne sont pas annulés par l'autorité supérieure. (Traité des chemins, p. 375 et 379.)

Toute fois les règlements ou arrêtés ne doivent contenir rien de contraire aux lois, puisqu'ils ont pour but d'en assurer l'exécution. Ils ne peuvent changer les peines ni les compétences, ou les modifier. Les lois attribuant aux Conseils de préfecture la répression des anticipations par plantation d'arbres, et aux

tribunaux correctionnels celle des anticipations commises de toute autre manière, les dégradations, les contraventions de cette nature seraient toujours de
la compétence de ces autorités, quels
que fussent les règlements ou les arrêtés.

Il en est différemment pour tout ce
qui tient à la petite voirie, sans qu'aucune loi attribue à une juridiction dési-
gnée la répression de cas spéciaux.

Ainsi le refus ou la négligence des
habitants d'exécuter les arrêtés qui déterminent les prestations à fournir pour
la réparation des chemins vicinaux,
doit donner lieu, sous l'empire de la
nouvelle loi comme précédemment,
à l'application des peines de simple
police. (Traité des chemins, p. 367 et
suivantes.)

Je crois aussi que, dans le cas où un
particulier ferait le long d'un chemin
vicinal un aqueduc pour conduire dans

sa propriété l'eau qui coule dans ce chemin, le Maire pourrait, si ces travaux faisaient refluer l'eau dans le chemin d'une manière nuisible, ordonner la suppression de cet aqueduc; bien que ce refluement ne soit spécialement prévu dans aucune loi de police municipale, et qu'on ne put le considérer ni comme nuisible à la propreté, à la salubrité, à la sûreté ou à la tranquillité, aux termes de la loi du 14 décembre 1789, ni comme compris soit dans la nomenclature de la loi du 24 août 1790, soit dans aucune des dispositions de l'article 471 du Code Pénal, puisque ce ne peut être un embarras de la voie publique commis en y *déposant* ou y *laissant*, sans nécessité, des *matériaux ou des choses quelconques* qui empêchent ou diminuent la liberté ou la sûreté du passage. Mais c'est un arrêté touchant la petite voirie; il a pour but d'empêcher que ce refluement

en devenant trop fréquent et trop
abondant, ne nuise à la liberté ou à la
commodité du passage. Voyez aussi
l'arrêt de cassation du 15 avril ci-dessus
cité.

Remarquons d'ailleurs que les Maires
ne peuvent ordonner la démolition des
maisons bâties sans permission ou contrairement, soit aux défenses qu'ils ont
faites, soit à l'alignement qu'ils ont donné; c'est ce que nous avons soutenu
dans notre Traité des chemins p. 287,
en combattant un arrêt du Conseil qui
décidait le contraire; nous avons eu la
satisfaction de voir notre opinion consacrée par un avis du comité de l'Intérieur, en date du 14 novembre 1823
dont voici un extrait :

« Les membres du Conseil du Roi,
» composant le Comité de l'Intérieur
» et du commerce, consulté par S. E.
» le Ministre de l'Intérieur sur la ques-

» tion de savoir si la démolition de bâ-
» timents et travaux exécutés en con-
» travention à des arrêtés de police, en
» matière de petite voirie, doit être
» ordonnée d'office par le Maire du lieu,
» ou bien, si le contrevenant doit être
» traduit devant le tribunal de police
» municipale, pour s'y voir condamner
» à la démolition en même temps qu'à
» l'amende encourue pour la contra-
» vention, conformément à l'art. 161
» du Code d'instruction criminelle.

» Vu, etc.

» Considérant, etc.

» Sont d'avis qu'il appartient aux Maires, ainsi que l'a décidé l'ordonnance royale du 31 juillet 1817, de donner et de faire exécuter les alignements dans les rues des villes, bourgs et villages qui ne sont pas routes royales et départementales. Que, par conséquent, c'est à eux à faire signifier à la partie l'arrêté par lequel l'alignement a été fixé, et à faire tracer, en sa présence, sur le terrein, les points principaux de cet alignement, en dressant un procès-verbal de cet acte ; que c'est à eux, si les constructions sont élevées sur d'autres lignes que celles qui ont été fixées, à signifier à la partie l'injonction de les démolir dans un délai déterminé, et de se conformer à l'alignement accordé ; mais que si, malgré cette sommation, les constructions élevées contrairement à l'alignement sont continuées ou ne sont pas démolies dans le délai fixé, le droit de prononcer la démolition de ces constructions, ensemble l'amende encourue pour la désobéissance aux sommations du Maire, est dévolu au tribunal de simple police. »

Jusqu'ici nous avons supposé que le contrevenant n'opposait aucun incident, aucun moyen préjudiciel à la poursuite dont il est l'objet; mais il peut se faire qu'il prétende que le chemin n'est pas vicinal, sans en contester la propriété à la commune. S'il est porté sur le tableau, la répression doit avoir lieu par provision; car on peut considérer l'arrêté de classement comme un règlement de petite voirie, et dès lors, il doit recevoir son exécution provisoire nonobstant toute opposition. (Voyez plus haut p..)

Si le chemin n'est point classé, il faut aller devant l'autorité administrative, lorsque le délinquant ne conteste que la vicinalité et prétend que le chemin n'est qu'une propriété communale ordinaire; car la contravention dont une telle propriété est l'objet, ne peut donner lieu qu'à l'application des règles qui régissent les propriétés privées. Si la vicinalité est reconnue, il y a lieu à l'application de la peine.

Si le particulier se prétend proprié-taire, il faut renvoyer devant les tribu-naux civils, constater la possession, et réprimer la contravention, si la com-mune a la possession.

Les règles de compétence que nous venons de retracer, pour le cas où le débat s'engage entre la commune et les particuliers, s'appliquent, à quelques modifications près, à celui où le litige existe entre deux particuliers. Expli-quons notre pensée :

Lorsqu'un chemin est porté sur le tableau des chemins vicinaux, tout habitant peut intenter une action, contre celui qui l'intercepte, l'usurpe ou le dégrade, pour le faire condamner à remettre les choses dans leur premier état. Il peut même le poursuivre en police municipale ou correctionnelle : car, aux termes des articles 1er et 3e du code d'instruction criminelle, l'action en réparation du dommage causé par un délit ou par une contravention, peut être exercée par tous ceux qui ont souffert de ce dommage; et cette action peut être poursuivie en même temps et devant les mêmes juges, que l'action publique; enfin, d'après les articles 145 et 182, les tribunaux de simple police et de police correctionnelle sont saisis des contraventions et délits de leur compétence, par la citation de la partie civile.

Or, il n'est pas douteux que chaque habitant ait une action pour faire réprimer les contraventions commises sur un chemin vicinal, parce qu'elles en entravent la jouissance; c'est ce que nous avons démontré, pages 423 à 430 de notre Traité des chemins, par la raison que, dans le cas où le chemin est classé, il n'y a plus difficulté sur le fond, et que le débat n'est plus relatif

qu'à la jouissance. Vainement le contrevenant formerait-il opposition à
l'arrêté déclaratif de la vicinalité, et se
prétendrait-il propriétaire du chemin,
le tribunal n'en reprimerait pas moins,
par mesure provisoire, la contravention qu'il aurait commise, sauf à lui à
se pourvoir ensuite devant l'autorité
compétente, pour faire statuer sur sa
prétention.

Mais, si le chemin n'était pas porté
sur le tableau des chemins vicinaux,
un particulier ne pourrait traduire le
contrevenant en police municipale ni
correctionnelle; il ne pourrait même
le traduire devant les tribunaux civils,
que si la propriété de la commune était
certaine et non contestée. Nous avons
vu, en effet, qu'une commune pouvait
être propriétaire d'un chemin, ou avoir
sur un héritage privé un droit de passage, sans que ni l'un ni l'autre

fussent vicinaux, parce qu'ils ne sont
point utiles à la généralité des habitans.
Les contestations ou contraventions,
dont ils sont l'objet, ne peuvent être
poursuivis que devant l'autorité judiciaire. Ceci posé, supposons qu'un
habitant soit troublé, par un tiers,
dans l'exercice d'un droit de passage,
pourra-t-il intenter contre celui-ci une
action en cessation du trouble? Oui,
si la commune a un titre qui lui con-
fère la propriété; non, s'il y a contestation sur le fond du droit; c'est ce
qui résulte d'une foule d'arrêts du
Conseil et de la Cour de Cassation, et
notamment de celui du 16 juillet 1822,
que nous avons rapporté dans notre
Traité des Chemins, page 430. Mais, si
le propriétaire de l'héritage veut intenter
lui-même une action pour empêcher le
passage, pourra-t-il la diriger contre
celui qui se sera permis de passer; et

si ce dernier prétend que la commune a le droit de passage, pourra-t-il défendre seul à cette action? Evidemment il ne le pourra pas, car toute la question est de savoir si la commune est ou n'est point propriétaire, c'est-à-dire que le fond du droit est mis en litige. Il est donc indispensable que la commune soit appelée en cause pour s'expliquer; mais, si elle ne prétend pas à la propriété; ou si elle ne paraît pas, le propriétaire doit être maintenu dans la franchise de son héritage. Nous avouons pourtant que la Cour de Cassation a rendu, le 2 février 1820, un arrêt contraire à ces idées. Mais, malgré notre profond respect pour l'autorité dont il émane, nous nous permettons de dire qu'il nous paraît fondé sur une erreur. Aussi, M. Merlin, Questions de Droit, *verbo* Servitude, n'hésite-t-il pas à le combattre, et à soutenir qu'il ne doit pas faire jurisprudence. Comment, en effet, concevoir qu'il y ait des droits que les habitans d'une commune, prise en masse, puissent posséder *ut singuli*, et que chacun puisse les défendre au même titre? n'est-il pas évident que, dès-lors que le droit est prétendu communal, il n'est réclamé par les habitans que *ut universi*, et que le seul cas où l'action soit intentée et soutenue *ut singuli*, est celui où le fonds du droit étant reconnu en faveur de la commune, il ne s'agit plus que de la jouissance de tel ou tel de ses habitans.

Aussi une ordonnance royale, du 20 juin 1821, a décidé que des particuliers sont sans qualité pour soutenir communal, un terrain revendiqué par un tiers, que le Conseil de Préfecture ne peut accorder à ces particuliers l'autorisation de plaider; que s'il statue sur la propriété, il est incompétent; que s'il accorde l'au-

torisation, il est irrégulièrement saisi;
qu'en effet, la commune ne peut vala-
blement procéder, soit devant le Conseil
de Préfecture, soit devant les tribunaux,
que d'après une délibération du Conseil
municipal et par l'organe du maire.

Le principe que les tribunaux sont
seuls compétens, pour statuer sur la
propriété d'un chemin ou d'un passage, prétendu communal, était aussi
certain, avant la nouvelle loi, qu'il
l'est aujourd'hui d'après son article 10.
Il a été établi par une foule de décrets
ou d'ordonnances, et notamment par
ceux du 28 juin 1806, 28 mars 1807,
2 et 17 juin 1818 (Sirey, vol. de 1819,
2.ᵉ partie, pages 308, 321), décret
du 19 février 1808, ordonnances des
27 mai, *Lautin*, et 3 juillet 1816,
Morin; il l'a été plus récemment par une
ordonnance rendue, le 24 octobre 1821,
dans laquelle on lit le motif suivant :

« Considérant que le sieur Boulanger prétend que le terrain, sur lequel passe ledit chemin, est sa propriété, et que la commune n'a acquis sur ledit terrain qu'une servitude discontinue, que l'examen de ces questions est du ressort des tribunaux ordinaires.

Nota. Un Maire ne pourrait prendre un arrêté portant défenses de rien déposer ou laisser dans la voie publique *sans son autorisation.* L'art. 471 n.° 4 du Code pénal, ne punissant l'embarras de la voie publique commis en y déposant ou y laissant des choses quelconques, qu'autant qu'on le fait *sans nécessité,* il est évident que le Maire changerait cette disposition puisque la condamnation serait prononcée pour n'avoir pas obtenu sa permission, sans distinction du cas où il y aurait eu nécessité de celui où elle n'aurait pas existé.

C'est aussi ce qu'a jugé la section criminelle de la Cour de Cassation, par arrêt du 10 décembre 1824, sur le pourvoi du Commissaire de police de Colmar.

PARIS, IMPRIMERIE DE BEAUCE-RUSAND.